C. IVLII CAESARIS

COMMENTARII
DE BELLO GALLICO

C. IVLII CAESARIS

COMMENTARII
DE BELLO GALLICO

EX LIBRIS I, IV, V
DISCIPVLIS LEGENDA
AD VSVM DISCIPVLORVM EDIDIT
HANS H. ØRBERG

Focus Publishing
R. Pullins Company
www.focusbookstore.com

LINGVA LATINA
PER SE ILLVSTRATA

Pars I:
Familia Romana (978-1-58510-420-8); hard cover (978-1-58510-423-9)
Latine Disco: Student's Manual (978-1-58510-050-7)
Grammatica Latina (978-1-58510-223-5)
Exercitia Latina I (978-1-58510-212-9)
Glossarium (978-1-58510-693-6)
Lingva Latina: Familia Romana CD-ROM for PC (978-1-58510-454-3)
Exercitia Latina I CD-ROM for PC (978-87-90696-10-8)

Pars II:
Roma Aeterna (978-1-58510-233-4); hardcover (978-1-58510-314-0)
Exercitia Latina II (978-1-58510-067-5)
Indices (87-997016-9-3)
Instructions for Part II (978-1-58510-055-2)
Latin-English Vocabulary (978-1-58510-052-1)
Lingva Latina: Roma Aeterna CD-ROM For PC (978-87-90696-09-3)
Exercitia Latina II CD-ROM for PC (978-87-90696-12-2)

Ancillaries:
Caesaris: Commentarii De Bello Gallico (978-1-58510-232-7)
Colloqvia Personarvm (978-1-58510-156-6)
P. Vergilii Maronis: Aeneis, Libros I et IV (978-1-58510-633-2)
Petronivs: Cena Trimalchionis (978-1-58510-709-4)
Plavtus: Amphitryo (978-1-58510-194-8)
Sallustius & Cicero: Catilina (978-1-58510-367-6)
Sermones Romani (978-1-58510-195-5)

For College Students:
Lingva Latina: A College Companion (978-1-58510-191-7)

For further information on the complete series and new titles, visit www.focusbookstore.com.

RES QVAE HOC LIBRO CONTINENTVR

GALLIA OMNIS

Gentēs (*m pl*)
Aeduī -ōrum
Allobrogēs -um
Ambarrī -ōrum
Aquitānī -ōrum
Arvernī -ōrum
Belgae -ārum
Caturīgēs -um
Celtae -ārum
Ceutronēs -um
Eburōnēs -um
Grāiocelī -ōrum
Helvētiī -ōrum
Lingonēs -um
Morinī -ōrum
Menapiī -ōrum
Santonī -ōrum
Segūsiāvī -ōrum
Sēquanī -ōrum
Trēverī -ōrum
Venetī -ōrum
Vocontiī -ōrum

Flūmina
Arar -is *m*
Garumna -ae *m*
Mātrona -ae *m*
Mosa -ae *m*
Rhēnus -ī *m*
Rhodanus -ī *m*
Sēquana -ae *m*

Oppida
Bibracte *indēcl n*
Genāva -ae *f*
Narbō -ōnis *m*
Ocelum -ī *n*
Tolōsa -ae *f*

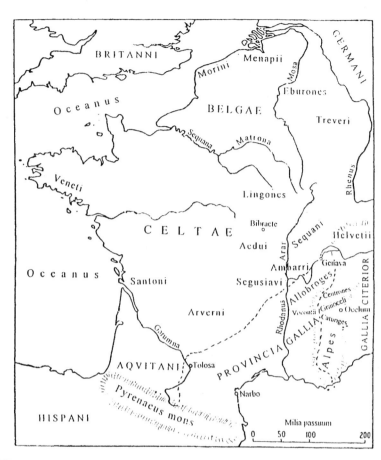

cōnsul -is *m* (cōs.): bīnī cōnsulēs quotannīs reī pūblicae Rō-
mānae praeerant
a.C. = ante Chrīstum (nātum)
a.u.c. = ab urbe *conditā*
condere -didisse -ditum: Rōma
condita est annō 753 a.C.
Pīsō -ōnis *m*

Cn. = Gnaeus (praenōmen)
II = iterum (prius: annō 70 a.C.)

Ap. = Appius (praenōmen)

CONSVLES ROMANI

annō a. C.		annō a. u. c.
61	M. Valerius Messalla	DCXCIII
	M. Pūpius Pīsō	
59	C. Iūlius Caesar	DCXCV
	M. Calpurnius Bibulus	
58	L. Calpurnius Pīsō	DCXCVI
	A. Gabīnius	
55	Cn. Pompēius Magnus II	DCXCIX
	M. Licinius Crassus II	
54	L. Domitius	DCC
	Ap. Claudius	

4

DE CAESARE IMPERATORE ET SCRIPTORE

[Ex Eutropiī BREVIARII AB VRBE CONDITA librō VI]

17 Annō urbis conditae sescentēsimō nōnāgēsimō quīntō C. Iūlius Caesar, quī posteā imperāvit, cum M. Bibulō cōnsul est factus. Dēcrēta est eī Gallia et Illyricum cum legiōnibus decem.

2 Is prīmus vīcit Helvētiōs, deinde vincendō per bella gravissima ūsque ad Ōceanum Britannicum prōcessit.

3 Domuit autem annīs novem ferē omnem Galliam, quae inter Alpēs, flūmen Rhodanum, Rhēnum et Ōceanum est. ... Britannīs mox bellum intulit, quibus ante eum nē nōmen quidem Rōmānōrum cognitum erat..., Germānōsque trāns Rhēnum aggressus immānibus proeliīs vīcit. Inter tot successūs ter male pugnāvit, apud Arvernōs semel praesēns et absēns in Germāniā bis. Nam lēgātī eius duo, Titūrius et Aurunculēius, per īnsidiās caesī sunt.

[Ex T. Līviī AB VRBE CONDITA librōrum CIII–CVI breviāriō]

03 Caesar in prōvinciam Galliam profectus Helvētiōs,
10 vagam gentem, domuit, quae sēdem quaerēns per prōvinciam Caesaris Narbōnēnsem iter facere volēbat.

04 C. Caesar, cum adversus Germānōs, quī Ariovistō duce
2 in Galliam trānscenderant, exercitum dūceret, rogātus ab Aeduīs et Sēquanīs, quōrum ager possīdēbātur, ... victōs proeliō Germānōs Galliā expulit. ...

8 C. Caesar Venetōs, gentem Ōceanō iūnctam, nāvālī proeliō vīcit.

scrīptor -ōris *m* = quī (librōs) scrībit

Eutropius vīxit saeculō IV post Chrīstum nātum (p.C.)

breviārium -ī *n* = liber brevis

annō urbis conditae (= ab urbe conditā) DCXCV: annō 59 a.C.

imperāvit : imperātor fuit

dē-cernere -crēvisse -crētum = cōnstituere; dēcrēta est eī Gallia = dēcrētum est eī trādere Galliam (prōvinciam)

Iilyricum -ī *n*, prōvincia ultrā mare Hadriāticum sita

Britannicus -a -um; Ōceanus B.: inter Britanniam et Galliam

domāre -uisse -itum = sibi pārentem facere

īn-ferre in-tulisse il-lātum = afferre; bellum ī. +*dat* = bellum facere

cognitus -a -um = nōtus

ag-gredī -ior -gressum = oppugnāre

immānis -e = ingēns, māximus

successus -ūs *m* = exitus fēlīx

lēgātus -ī *m* = dux mīlitum quī imperātōrem adiuvat

īnsidiae -ārum *f pl* = impetus ab hostibus latentibus factus

T. Līvius, quī aetāte Augustī vīxit, rēs Rōmānās scrīpsit *Ab urbe conditā* librōs I–CXLII, quōrum XXXV servātī sunt; ex cēterīs breviārium habēmus

vagus -a -um = errāns

sēdēs -is *f* = locus ubi aliquis sedet/incolit

Narbōnēnsis -e < Narbō -ōnis *m*, oppidum Galliae prōvinciae

Ariovistus -ī, rēx Germānōrum

trānscendere -disse = trānsīre

ager agrī *m* = terra, regiō

pos-sīdere -sēdisse -sessum = (rem aliēnam) suam facere

ex-pellere -pulisse -pulsum; *ē* Galliā expulit

Ōceanō (*dat*) : ad Ōceanum

nāvālis -e < nāvis

5

Ōceanō = per Ōceanum (Britannicum)
prīmō adv = prīmum
prosperus -era -erum = fēlīx
trā-icere -iō -iēcisse -iectum = trānsīre

red-igere -ēgisse -āctum < re- + agere; in potestātem Rōmānōrum redēgit (: coēgit)
Ambiorīx -īgis m
dē-ficere -iō -fēcisse -fectum = deesse; d. (ā Rōmānīs) = deesse (Rōmānīs), dēserere (Rōmānōs)
circum-venīre = circumdare
L. Arunculēius Cotta
Q. Titūrius Sabīnus

in Trēverīs : in regiōne Trēverōrum
Q. Tullius Cicerō -ōnis; frāter M.Tullī Cicerōnis (vidē īnfrā)
fundere fūdisse fūsum; hostēs f. = sparsōs in fugam vertere
M.Tullius Cicerō, ōrātor clārissimus, cōs. annō 63 a.C.
ōrātor -ōris m = quī verba (ōrātiōnēs) facit ad populum
clārus -a -um = nōbilis, ēgregius
M.Iūnius Brūtus: annō 44 a.C.
cum aliīs Caesarem necāvit
dis-putāre = variās sententiās dīcere (prō/contrā), colloquī
commentārius -ī m = liber reminīscendī causā scrīptus
Gallicus -a -um < Gallia
vehementer adv = valdē
probāre (< probus) = probum esse putāre; rēs mihi probātur = rem probō, rēs mihi placet
rērum... : dē rēbus gestīs suīs

inquam pers 1 sg < inquit
eōs probandōs esse putō
ōrnātus -ūs m < ōrnāre
voluit aliōs quī vellent scrībere historiam habēre rēs parātās
unde (: ut inde) sūmerent
historia -ae f = rēs gestae
(mente) sānus = prūdēns

illūstris -e = clārus, nōbilis
brevitās -ātis f < brevis; dulcius quam pūra et illūstris brevitās

Victīs Germānīs in Galliā, Caesar Rhēnum trānscendit **105** 5
et proximam partem Germāniae domuit. Ac deinde Ōceanō
in Britanniam, prīmō parum prosperē, tempestātibus adversīs, trāiēcit, iterum fēlīcius, magnāque multitūdine
hostium caesā aliquam partem īnsulae in potestātem
redēgit.

Gallōrum aliquot populī, Ambiorīge duce, Eburōnum **106** 2
rēge, dēfēcērunt. Ā quibus Cotta et Titūrius, lēgātī Caesaris, circumventī īnsidiīs cum exercitū cui praeerant caesī 3
sunt. Et cum aliārum quoque legiōnum castra oppugnāta 4
magnō labōre dēfēnsa essent, inter quae eius cui in Trēverīs praeerat Q. Cicerō, ab ipsō Caesare hostēs proeliō
fūsī sunt.

[Ex M. Tulliī Cicerōnis librō cui titulus est BRVTVS sīve
DE CLARIS ORATORIBVS]

[M. Tullius Cicerō annō 46 a.C. cum M. Iūniō Brūtō disputat dē Caesaris ōrātiōnibus et commentāriīs dē bellō
Gallicō:]

Tum Brūtus: "Ōrātiōnēs quidem eius mihi vehementer 262
probantur. Complūrēs autem lēgī, atque etiam commentāriōs, quōs īdem scrīpsit rērum suārum."

[Cicerō:] "Valdē quidem" inquam "probandōs; nūdī
enim sunt, rēctī et venustī, omnī ōrnātū ōrātiōnis tamquam veste dētractā. Sed dum voluit aliōs habēre parāta
unde sūmerent quī vellent scrībere historiam, ... sānōs
quidem hominēs ā scrībendō dēterruit; nihil est enim in
historiā pūrā et illūstrī brevitāte dulcius."

6

DE BELLO GALLICO

LIBER PRIMVS

[Dē Galliae gentibus]

1 Gallia est omnis dīvīsa in partēs trēs, quārum ūnam incolunt Belgae, aliam Aquitānī, tertiam quī ipsōrum linguā

2 Celtae, nostrā Gallī appellantur. Hī omnēs linguā, īnstitūtīs, lēgibus inter sē differunt.

Gallōs ab Aquitānīs Garumna flūmen, ā Belgīs Mātrona et Sēquana dīvidit.

3 Hōrum omnium fortissimī sunt Belgae, proptereā quod ā cultū atque hūmānitāte Prōvinciae longissimē absunt, minimēque ad eōs mercātōrēs saepe commeant atque ea quae ad effēminandōs animōs pertinent important, proximīque sunt Germānīs, quī trāns Rhēnum incolunt, quibuscum continenter bellum gerunt.

4 Quā dē causā Helvētiī quoque reliquōs Gallōs virtūte praecēdunt, quod ferē cotīdiānīs proeliīs cum Germānīs contendunt, cum aut suīs fīnibus eōs prohibent aut ipsī in eōrum fīnibus bellum gerunt. ...

[Helvētiī ē fīnibus exīre cōnstituunt spē redeundī sublātā]

2 Apud Helvētiōs longē nōbilissimus fuit et dītissimus Orgetorīx. Is, M. Messallā et M. Pūpiō Pīsōne cōnsulibus, rēgnī cupiditāte inductus coniūrātiōnem nōbilitātis fēcit, et cīvitātī persuāsit ut dē fīnibus suīs cum omnibus

2 cōpiīs exīrent: 'perfacile esse, cum virtūte omnibus praestārent, tōtīus Galliae imperiō potīrī!'

Gallia omnis: nōn modo Gallia Narbōnēnsis, prōvincia Rōmāna
aliam : alteram

nostrā *linguā* : Latīnē
īnstitūtum -ī *n* = mōs
dif-ferre (inter sē) ↔ parēs (similēs) esse
Garumna, Mātrona, Sēquana -ae *m:* flūmina Galliae

proptereā quod = quod
cultus -ūs *m* (< colere) = modus vīvendī
hūmānitās -ātis *f* < hūmānus
minimē saepe = rārissimē
com-meāre = īre/venīre, versārī
ef-fēmināre < fēmina
per-tinēre ad = ferre ad
im-portāre = invehere
trāns (↔ cis) = ultrā

quibus-cum = cum quibus
continenter *adv* = sine morā

prae-cēdere (↔ sequī) = *praestāre + dat* = melior esse quam; virtūte p. = fortior esse
cotīdiānus -a -um < cotīdiē
contendere = certāre
ā suīs fīnibus
fīnēs -ium *m pl* = terra (intrā fīnēs)

(red-)īre, *ger* (-)eundum -ī -ō
tollere sus-tulisse sub-lātum = auferre, dēmere
dītissimus = dīvitissimus
Orgetorīx -īgis *m*
: annō 61 a. C.
rēgnum -ī *n* = rēgis imperium
in-/ad-ductus + *abl* = permōtus
con-iūrātiō -ōnis *f* = quī malī cōnsiliī causā coniunguntur
nōbilitās -ātis *f* = cūnctī nōbilēs
cīvitās -ātis *f* = cūnctī cīvēs
per-facilis -e = valdē facilis
potīrī + *abl* = in potestātem suam redigere, possidēre

7

hōc facilius = tantō facilius
undique = ex omnibus partibus
continentur : intrā angustōs
fīnēs tenentur
Helvētius -a -um; ager H. = fī-
nēs/terra Helvētiōrum
Germānī, Sēquanī, Helvētiī...:
fīnēs/terra Germānōrum, Sēquanōrum, Helvētiōrum...
tertiā *ex parte*

vagārī (< vagus) = errāre
fīnitimus -a -um = quī ad fīnēs
incolit; *m pl* populī fīnitimī
quā ex parte = quā dē causā
bellāre = bellum gerere

-itūdō -inis *f:* fortitūdō, longi-
tūdō, lātitūdō, altitūdō < fortis,
longus, lātus, altus
in longitūdinem/lātitūdinem
patēre = longus/lātus esse

auctōritās -ātis *f* = potestās, iūs
imperandī
com-parāre = parāre (multa)
iūmentum -ī *n* = bēstia vehēns
carrus -ī *m* = currus Gallicus
quam + *sup:* q. māximus = tantus
quantus māximē fierī potest
co-emere = emere (multa)
sēmentis -is *f:* -ēs facere = serere
sup-petere ↔ deesse
cōn-fīrmāre = certum statuere

bi-ennium -ī *n* = duo annī
dūcere + *acc+īnf* = putāre
profectiō -ōnis *f* < proficīscī

ubi (+ *perf*) = cum (prīmum)

(numerō); ad XII = ferē XII
vīcus -ī *m* = oppidum exiguum
in-cendere -cendisse -cēnsum
= accendere, igne perdere
praeter-quam (: praeter id) quod
comb-ūrere = ūrere (multum)
reditiō -ōnis *f* < red-īre
(perīculum) sub-īre = adīre
molere -uisse -itum: ē molitō
frūmentō (*farīnā*) fīt pānis
cibāria -ōrum *n pl* = cibus
ef-ferre < ex + ferre

Id hōc facilius eīs persuāsit quod undique locī nātūrā 3
Helvētiī continentur: ūnā ex parte flūmine Rhēnō lātis-
simō atque altissimō, quī agrum Helvētium ā Germānīs
dīvidit; alterā ex parte monte Iūrā altissimō, quī est inter
Sēquanōs et Helvētiōs; tertiā lacū Lemannō et flūmine
Rhodanō, quī prōvinciam nostram ab Helvētiīs dīvidit.

Hīs rēbus fīēbat ut et minus lātē vagārentur et minus 4
facile fīnitimīs bellum īnferre possent – quā ex parte
hominēs bellandī cupidī magnō dolōre afficiēbantur!

Prō multitūdine autem hominum et prō glōriā bellī 5
atque fortitūdinis angustōs sē fīnēs habēre arbitrābantur,
quī in longitūdinem mīlia passuum CCXL, in lātitūdinem
CLXXX patēbant.

Hīs rēbus adductī et auctōritāte Orgetorīgis permōtī 3
cōnstituērunt ea quae ad proficīscendum pertinērent com-
parāre: iūmentōrum et carrōrum quam māximum numerum coemere, sēmentēs quam māximās facere, ut in
itinere cōpia frūmentī suppeteret, cum proximīs cīvitātibus pācem et amīcitiam cōnfīrmāre. Ad eās rēs 2
cōnficiendās biennium sibi satis esse dūxērunt: in tertium
annum profectiōnem lēge cōnfīrmant. ....

Ubi iam sē ad eam rem parātōs esse arbitrātī sunt, oppida 5
sua omnia, numerō ad duodecim, vīcōs ad quadringentōs, 2
reliqua prīvāta aedificia incendunt; frūmentum omne, 3
praeterquam quod sēcum portātūrī erant, combūrunt, ut
domum reditiōnis spē sublātā parātiōrēs ad omnia perīcula subeunda essent; trium mēnsium molita cibāria sibi
quemque domō efferre iubent.

Allobrogēs -um *m pl*
Aeduī -ōrum *m pl*
Ambarrī -ōrum *m pl*
Arar -is *m*, flūmen
Bōiī -ōrum *m pl*
Genāva -ae *f*, oppidum
Helvētiī -ōrum *m pl*
Iūra -ae *m*, mōns
lacus Lemannus
Latovicī -ōrum *m pl*
Lēpontiī -ōrum *m pl*
Lingonēs -um *m pl*
Nantuātēs -ium *m pl*
Rauricī -ōrum *m pl*
Sēquanī -ōrum *m pl*
Segūsiāvī -ōrum *m pl*
Tigurīnī -ōrum *m pl*
Tulingī -ōrum *m pl*

4   Persuādent Rauricīs et Tulingīs et Latovicīs, fīnitimīs suīs, utī eōdem ūsī cōnsiliō, oppidīs suīs vīcīsque ex-ustīs, ūnā cum eīs proficīscantur; Bōiōsque, quī trāns Rhēnum incoluerant et in agrum Nōricum trānsierant Nōrēiamque oppugnārant, receptōs ad sē sociōs sibi ascīscunt.

utī = ut
ex-ūrere = ūrere, incendere
cum eīs (= iīs) : sēcum
ager Nōricus: Nōricum -ī *n*, re-giō Alpium; Nōrēia, oppidum
-ārant = -āverant
socius -ī *m*: sociī sunt quī com-mūnī negōtiō iunguntur
a-scīscere -īvisse -ītum = (sibi) adiungere, accipere (socium)
omnīnō *adv* = omnibus nume-rātīs, tantum
Sēquanī : fīnēs Sēquanōrum

6   Erant omnīnō itinera duo quibus itineribus domō exīre possent: ūnum per Sēquanōs, angustum et difficile, inter montem Iūram et flūmen Rhodanum, vix quā singulī carrī dūcerentur, mōns autem altissimus impendēbat, ut facile
2 perpaucī prohibēre possent; alterum per prōvinciam nos-tram, multō facilius atque expedītius, proptereā quod inter fīnēs Helvētiōrum et Allobrogum, quī nūper pācātī erant, Rhodanus fluit, isque nōnnūllīs locīs vadō trānsītur.

quā = quā viā, ubi; quā vix...

dūcerentur : dūcī poterant
impendēre = suprā stāre
per-paucī = paucissimī

expedītus -a -um = facilis

nūper : annō 61 a.C.
pācāre = ad pācem cōgere

vadum -ī *n* = aqua parum alta
extrēmus -a -um *sup* < extrā

3   Extrēmum oppidum Allobrogum est proximumque Hel-vētiōrum fīnibus Genāva; ex eō oppidō pōns ad Helvētiōs pertinet. Allobrogibus sēsē vel persuāsūrōs, quod nōn-dum bonō animō in populum Rōmānum vidērentur, exīstimābant vel vī coāctūrōs ut per suōs fīnēs eōs īre paterentur.

pōns
pontis *m*

Helvētiī exīstimābant sēsē vel Allobrogibus persuāsūrōs... vel *eōs* vī coāctūrōs *esse* ut per suōs fīnēs *sē* īre paterentur bonō animō in populum R.um (: populō R.ō amīcī) *esse* patī + *acc* + *īnf* = sinere (↔ vetāre)

9

iugum
-ī n

annō 58 a. C.
L.*Calpurniō* Pīsōne (cuius fīlia
Calpurnia Caesaris uxor fuit)
per-rumpere
mūnītiō -ōnis *f* < mūnīre
tēlum -ī *n* = pīlum, *pl* arma
re-pellere reppulisse -pulsum
mātūrāre = *mātūrē* (ante tempus) īre, properāre
māximīs (singulōrum diērum)
itineribus : celerrimē
Gallia ulterior : ultrā Alpēs
(īre) contendere = properāre
imperāre + *acc* = poscere; alicui
rem imperāre = imperāre ut aliquis rem det, rem poscere ab
aliquō

re-scindere = rumpere
adventus -ūs < advenīre
certiōrem facere = docēre, nūntiāre; *pass* certior fierī: certior
factus est = eī nūntiātum est
lēgātōs... quī (: *ut*) dīcerent
lēgātiō -ōnis *f* = grex lēgātōrum
prīnceps -ipis *adi* = prīmus
ob-tinēre = tenēre, habēre
Helvētiī: "*nōbīs est* in animō
(: cōnsilium est)... iter per P.
facere, proptereā quod aliud
iter habē*mus* nūllum; rogā*mus*
ut *tuā* voluntāte id *nōbīs* facere liceat"; '*sē* rogāre...'
L. Cassius, cōs. annō 107 a.C.
iugum = lignum quod iūmentīs
impōnitur; exercitus victus dē-
rīdētur 'sub iugum missus'
sub iugum missum *esse*
con-cēdere = permittere; concēdendum *esse* nōn putābat
facultās -ātis *f* (< facilis) = potestās (faciendī aliquid)
temperāre = sē abstinēre
temperātūrōs/sūmptūrum *esse*
spatium -ī *n* = locus/tempus
quod inter-cēdit (: inter-est)
dum + *coni:* dum... convenī*rent*
= ut intereā ... convenīrent
dēlīberāre = cōgitāre (dē rē)
"diem (: tempus) ad dēlīberandum sūm*am:* sī quid *vultis,* ad
īdūs Aprīlēs revert*iminī!*"

Omnibus rēbus ad profectiōnem comparātīs, diem dī- 4
cunt quā diē ad rīpam Rhodanī omnēs conveniant. Is diēs
erat a. d. v kal. Aprīl., L. Pīsōne A. Gabīniō cōnsulibus.

[*Helvētiī perrumpere cōnātī mūnītiōne et tēlīs repelluntur*]

Caesarī cum id nūntiātum esset 'eōs per prōvinciam 7
nostram iter facere cōnārī', mātūrat ab urbe proficīscī, et
quam māximīs potest itineribus in Galliam ulteriōrem
contendit, et ad Genāvam pervenit. Prōvinciae tōtī quam 2
māximum potest mīlitum numerum imperat (erat omnīnō
in Galliā ulteriōre legiō ūna), pontem quī erat ad
Genāvam iubet rescindī.

Ubi dē eius adventū Helvētiī certiōrēs factī sunt, 3
lēgātōs ad eum mittunt nōbilissimōs cīvitātis (cuius
lēgātiōnis Nammēius et Verucloetius prīncipem locum
obtinēbant) quī dīcerent 'sibi esse in animō sine ūllō
maleficiō iter per Prōvinciam facere, proptereā quod
aliud iter habērent nūllum; rogāre ut eius voluntāte id sibi
facere liceat'.

Caesar, quod memoriā tenēbat L. Cassium cōnsulem 4
occīsum exercitumque eius ab Helvētiīs pulsum et sub
iugum missum, concēdendum nōn putābat: neque hominēs inimīcō animō, datā facultāte per Prōvinciam itineris
faciendī, temperātūrōs ab iniūriā et maleficiō exīstimābat.
Tamen, ut spatium intercēdere posset, dum mīlitēs quōs 5
imperāverat convenīrent, lēgātīs respondit 'diem sē ad
dēlīberandum sūmptūrum: sī quid vellent, ad īdūs Aprīlēs
reverterentur.'

8 Intereā eā legiōne quam sēcum habēbat mīlitibusque quī ex Prōvinciā convēnerant ā lacū Lemannō (quī in flūmen Rhodanum īnfluit) ad montem Iūram (quī fīnēs Sēquanōrum ab Helvētiīs dīvidit) mīlia passuum decem novem mūrum in altitūdinem pedum sēdecim fossamque 2 perdūcit. Eō opere perfectō, praesidia dispōnit, castella commūnit, quō facilius, sī sē invītō trānsīre cōnārentur, prohibēre possit.

3 Ubi ea diēs quam cōnstituerat cum lēgātīs vēnit et lēgātī ad eum revertērunt, negat 'sē mōre et exemplō populī Rōmānī posse iter ūllī per Prōvinciam dare', et 'sī vim facere cōnentur, prohibitūrum!' ostendit.

4 Helvētiī eā spē dēiectī, nāvibus iūnctīs ratibusque complūribus factīs, aliī vadīs Rhodanī, quā minima altitūdō flūminis erat, nōnnumquam interdiū, saepius noctū, sī perrumpere possent cōnātī, operis mūnītiōne et mīlitum concursū et tēlīs repulsī, hōc cōnātū dēstitērunt.

[Dē Helvētiōrum itinere per Sēquanōs in Aeduōs]

9 Relinquēbātur ūna per Sēquanōs via, quā Sēquanīs invī-
2 tīs propter angustiās īre nōn poterant. Hīs cum suā sponte persuādēre nōn possent, lēgātōs ad Dumnorīgem Aeduum mittunt, ut eō dēprecātōre ā Sēquanīs impetrārent.

3 Dumnorīx grātiā et largītiōne apud Sēquanōs plūrimum poterat, et Helvētiīs erat amīcus, quod ex eā cīvitāte Orgetorīgis fīliam in mātrimōnium dūxerat, et cupiditāte rēgnī adductus novīs rēbus studēbat et quam plūrimās 4 cīvitātēs suō beneficiō habēre obstrictās volēbat. Itaque

---

: in quem flūmen Rhodanus īnfluit

: mūrum mīlia passuum decem novem (XIX) longum, XVI pedēs altum ....per-dūcit (: perficit)
praesidium -ī *n* = quod tuētur; mīlitēs quī locum tuentur
dis-pōnere = ubīque pōnere
castellum -ī *n* = locus mūnītus
com-mūnīre = bene mūnīre
quō facilius +*coni* =ut eō f.ius...
invītus -a -um = nōlēns; sē i.ō = contrā suam (: Caesaris) voluntātem

"... *nūllī* (= nēminī) iter per Prōvinciam dare *possum*"
"sī vim facere cōn*āminī* (: cō- nātī eritis), prohib*ēbō!*"
'*sē* prohibitūrum *esse*' ostendit (= clārē dīcit)
dē-icere -iō -iēcisse -iectum < dē + iacere; *dē* eā spē dēiectī
quā *adv* = ubi

inter-diū ↔ noctū (= nocte)
saepius *comp* < saepe
cōnātī sī possent = cōnātī *an* p.
con-cursus -ūs *m* < *con-currere* = in eundem locum currere
cōnātus -ūs *m* < cōnārī; *ab* hōc -ū (: hoc cōnārī) dēstitērunt

Aeduī sociī Rōmānōrum fuē- runt (*sg* Aeduus -ī *m*)
relinquī = reliquus esse
angustiae -ārum *f pl* < angustus
suā sponte = per sē
Dumnorīx -īgis *m*
dē-precātor -ōris *m* = quī *dē- precātur* = precātur prō aliquō
impetrāre = cōnsequī id quod rogātur, precibus efficere
largītiō -ōnis *f* < largīrī
plūrimum *sup* < multum, plūs
posse = potestātem habēre
mātrimōnium -ī *n*: in mātrimō- nium dūcere = uxōrem dūcere
novīs rēbus (: in rē pūblicā)
quam +*sup* (: quam māximum numerum cīvitātum)
ob-strictus -a -um = grātus (ob beneficium)

sus-cipere -iō -cēpisse -ceptum
= sibi agendum accipere
obses -idis *m* = homō nōbilis
quī victōrī trāditur nē condiciōnēs rumpantur

re-nūntiāre

Santonī -ōrum *m pl;* Santon*um*
= Santon*ōrum*
longē ā = procul ā
Tolōsātēs -ium *m pl* < Tolōsa
-ae *f,* cīvitās (= oppidum)
futūrum *esse* : fore
bellicōsus -a -um = bellandī
studiōsus
(locus) patēns : sine montibus
frūmentārius -a -um; (locus) f.
= quī frūmentum fert, fertilis
fīnitimī + *dat* (: proximī)

prae-ficere -iō -fēcisse -fectum
= praepōnere
(mīlitēs) cōn-scribere = in exercitum cōgere
hiemāre = hiemem cōnsūmere
(castra) hīberna -ōrum *n pl* =
castra ubi mīlitēs hiemant
(iter) proximum : brevissimum
Aquilēia -ae *f,* cīvitās citeriōris
Galliae ad mare Hadriāticum
superior = suprā situs, altior

(locum) occupāre = vī capere
et suum facere, potīrī (locō)
citerior/ulterior prōvincia
: Gallia citerior/ulterior
oppidum extrēmum

cōpiae -ārum *f pl* = mīlitēs
trā-dūcere < trāns + dūcere
(agrōs) populārī = vāstāre =
frūgēs agrōrum perdere

rem suscipit et ā Sēquanīs impetrat ut per fīnēs suōs Helvētiōs īre patiantur, obsidēsque utī inter sēsē dent perficit:
Sēquanī 'nē itinere Helvētiōs prohibeant', Helvētiī 'ut
sine maleficiō et iniūriā trānseant'.

Caesarī renūntiātur 'Helvētiīs esse in animō per agrum 10
Sēquanōrum et Aeduōrum iter in Santonum fīnēs facere',
quī nōn longē ā Tolōsātium fīnibus absunt, quae cīvitās
est in Prōvinciā. Id sī fieret, intellegēbat magnō cum perī- 2
culō Prōvinciae futūrum ut hominēs bellicōsōs, populī
Rōmānī inimīcōs, locīs patentibus māximēque frūmentā-
riīs fīnitimōs habēret.

Ob eās causās eī mūnītiōnī quam fēcerat T. Labiēnum 3
lēgātum praefēcit; ipse in Italiam magnīs itineribus contendit, duāsque ibi legiōnēs cōnscrībit, et trēs, quae
circum Aquilēiam hiemābant, ex hībernīs ēdūcit. Et, quā
proximum iter in ulteriōrem Galliam per Alpēs erat, cum
eīs quīnque legiōnibus īre contendit.

Ibi Ceutronēs et Grāiocelī et Caturīgēs, locīs superiō- 4
ribus occupātīs, itinere exercitum prohibēre cōnantur.
Complūribus eīs proeliīs pulsīs, ab Ocelō (quod est citeri- 5
ōris prōvinciae extrēmum) in fīnēs Vocontiōrum ulteri-
ōris prōvinciae diē septimō pervēnit; inde in Allobrogum
fīnēs, ab Allobrogibus in Segūsiāvōs, exercitum dūcit (hī
sunt extrā Prōvinciam trāns Rhodanum prīmī).

Helvētiī iam per angustiās et fīnēs Sēquanōrum suās 11
cōpiās trādūxerant, et in Aeduōrum fīnēs pervēnerant
eōrumque agrōs populābantur. Aeduī, cum sē suaque ab 2
eīs dēfendere nōn possent, lēgātōs ad Caesarem mittunt

3 rogātum auxilium: 'ita sē omnī tempore dē populō Rōmānō meritōs esse ut paene in cōnspectū exercitūs nostrī agrī vāstārī, līberī eōrum in servitūtem abdūcī, oppida expugnārī nōn dēbuerint!'

4 Eōdem tempore Ambarrī, necessāriī et cōnsanguineī Aeduōrum, Caesarem certiōrem faciunt 'sēsē, dēpopulātīs agrīs, nōn facile ab oppidīs vim hostium prohibēre'.

5 Item Allobrogēs, quī trāns Rhodanum vīcōs possessiōnēsque habēbant, fugā sē ad Caesarem recipiunt, et dēmōnstrant 'sibi praeter agrī solum nihil esse reliquī!'

6 Quibus rēbus adductus Caesar nōn exspectandum sibi statuit, dum, omnibus fortūnīs sociōrum cōnsūmptīs, in Santonōs Helvētiī pervenīrent.

12 Flūmen est Arar, quod per fīnēs Aeduōrum et Sēquanōrum in Rhodanum īnfluit incrēdibilī lēnitāte, ita ut oculīs in utram partem fluat iūdicārī nōn possit. Id Helvētiī ratibus ac lintribus iūnctīs trānsībant.

2 Ubi per explōrātōrēs Caesar certior factus est 'trēs iam partēs cōpiārum Helvētiōs id flūmen trādūxisse, quārtam ferē partem citrā flūmen Ararim reliquam esse', dē tertiā vigiliā cum legiōnibus tribus ē castrīs profectus ad eam

3 partem pervēnit quae nōndum flūmen trānsierat. Eōs impedītōs et inopīnantēs aggressus magnam partem eōrum concīdit, reliquī sēsē fugae mandārunt atque in proximās silvās abdidērunt.

4 Is pāgus appellābātur Tigurīnus (nam omnis cīvitās

5 Helvētia in quattuor pāgōs dīvīsa est). Hic pāgus ūnus, cum domō exīsset, patrum nostrōrum memoriā L. Cassium

---

Marginal glosses:

"ita... dē p. R. meritī sumus..."
merērī -itum = merēre; m. dē aliquō = bene facere alicui
līberī eōrum : suī (: "nostrī")
ut agrī vāstārī... nōn dēbuerint
: ut agrōs vāstārī, līberōs suōs abdūcī... nōn oportuerit

necessārius -ī m = amīcus, socius
cōn-sanguineus -a -um = eōdem sanguine (: eādem gente) nātus
dē-populārī/-āre = populārī
"nōn facile ab oppidīs vim hostium prohibēmus"
possessiō -ōnis f = rēs quae possidētur
sē re-cipere = recēdere; fugā sē recipere = re-fugere
"nōbīs... nihil est reliquī!"
reliquum -ī n; nihil est reliquī (gen) = nihil relinquitur
nōn exspectandum sibi esse statuit (: cēnsuit)
fortūnae -ārum f pl = possessiōnēs

Arar -is m, acc -im
in-crēdibilis -e = vix crēdendus, mīrus
lēnitās -ātis f < lēnis -e ↔ celer
iūdicāre = cēnsēre, statuere (quid vērum sit)
linter -tris m = nāvicula levis

explōrātor -ōris m = quī cōnsilia hostium cognōscere cōnātur
trēs quārtās partēs (¾)
trāns id flūmen trādūxisse
dē tertiā vigiliā : nōnā hōrā noctis

im-pedīre = difficilem/tardum facere; impedītus = quī haud facile movētur (↔ expedītus)
in-opīnāns = nōn exspectāns
con-cīdere -disse -sum = caedere
mandāre = trādere; sē fugae mandāvērunt = fūgērunt
ab-dere -didisse -ditum = occultāre
pāgus -ī m = regiō eiusque cīvēs; is pāgus : cuius cīvēs (Tigurīnī)
flūmen nōndum trānsierant

-īsset = -iisset

13

annō 107 a.C.

cāsū = forte
quae pars... : ea pars... quae
īnsignis -e = magnus et nōtus
calamitās -ātis *f* = mala fortūna
poenās per-solvere = pūnīrī
ulcīscī ultum: iniūriam u. = pū-
nīre eum quī iniūriam fēcit
socer -erī *m* = pater uxōris (L.
Pīsō, cōs. annō 58 a.C.)
avus -ī *m* = pater patris/mātris
T. *interfēcerant* eōdem proeliō
quō Cassium interfēcerant

pontem faciendum (*gerundīvum*)
cūrāre = cūrāre ut pōns fīat
repentīnus -a -um < repente
com-movēre = permovēre
aegrē *adv* ↔ facile, *sup* aegerrimē ↔ facillimē

Dīvicō -ōnis *m*

Cassiānus -a -um < Cassius
agere cum = colloquī cum
Dīvicō: "sī pācem p. R. *nōbīs-
cum facit,* in eam partem *ībi-
mus* atque ibi *erimus* ubi *nōs
tū cōnstitueris*/esse volu*eris"*
cōnstituere : incolere iubēre
"sīn bellō *nōs* persequī per-
sevē*rās*, reminīsc*ere*...!"
per-sevērāre = pergere (sevērē)
in-commodum -ī *n* : calamitās
prīstinus -a -um = antīquus

Caesar: "sī obsidēs ā *vōbīs mihi
datī erunt,* ut ea quae pollicē-
minī vōs factūrōs *esse* intelle-
gam, et sī Aeduīs dē iniūriīs
quās ipsīs sociīsque eōrum intul*istis* ... satisfēc*eritis, vōbīs-*
cum pācem faci*am"*
satis-facere + *dat* = facere (red-
dere) quod postulātur
māiōrēs *m pl:* patrēs, avī, cēt.
īn-stituere -uisse -ūtum = (animum) parāre, docēre
cōn-suēscere -ēvisse = mōrem
sibi facere; cōnsuēvisse = so-
lēre; cōnsuēverint = soleant;
-ērint = -ēve*rint*

cōnsulem interfēcerat et eius exercitum sub iugum mīse-
rat! Ita, sīve cāsū sīve cōnsiliō deōrum immortālium, quae 6
pars cīvitātis Helvētiae īnsignem calamitātem populō Rōmānō intulerat, ea prīnceps poenās persolvit. (Quā in rē 7
Caesar nōn sōlum pūblicās sed etiam prīvātās iniūriās ul-
tus est, quod eius socerī L. Pīsōnis avum, L. Pīsōnem lēgātum, Tigurīnī eōdem proeliō quō Cassium interfēcerant.)

Hōc proeliō factō, reliquās cōpiās Helvētiōrum ut cōn- 13
sequī posset, pontem in Arare faciendum cūrat, atque ita
exercitum trādūcit. Helvētiī repentīnō eius adventū com- 2
mōtī, cum id quod ipsī diēbus vīgintī aegerrimē cōn-
fēcerant, ut flūmen trānsīrent, illum ūnō diē fēcisse intellegerent, lēgātōs ad eum mittunt; cuius lēgātiōnis Dīvicō
prīnceps fuit, quī bellō Cassiānō dux Helvētiōrum fuerat.

Is ita cum Caesare ēgit: 'sī pācem populus Rōmānus 3
cum Helvētiīs faceret, in eam partem itūrōs atque ibi
futūrōs Helvētiōs ubi eōs Caesar cōnstituisset atque esse
voluisset; sīn bellō persequī persevērāret, reminīscerētur 4
et veteris incommodī populī Rōmānī et prīstinae virtūtis
Helvētiōrum! ....'

Hīs Caesar ita respondit: '... Sī obsidēs ab eīs sibi dentur, 14
utī ea quae polliceantur factūrōs intellegat, et sī Aeduīs dē 6
iniūriīs quās ipsīs sociīsque eōrum intulerint, item sī Allobrogibus satisfaciant, sēsē cum eīs pācem esse factūrum.'

Dīvicō respondit 'ita Helvētiōs ā māiōribus suīs īnstitū- 7
tōs esse utī obsidēs accipere, nōn dare, cōnsuērint: eius reī
populum Rōmānum esse testem'.

Hōc respōnsō datō, discessit.

15 Posterō diē castra ex eō locō movent. Idem facit Caesar equitātumque omnem ad numerum quattuor mīlium, quem ex omnī Prōvinciā et Aeduīs atque eōrum sociīs coāctum habēbat, praemittit, quī videant quās in partēs
2 hostēs iter faciant. Quī, cupidius novissimum agmen īnsecūtī, aliēnō locō cum equitātū Helvētiōrum proelium committunt – et paucī dē nostrīs cadunt.

3 Quō proeliō sublātī Helvētiī, quod quīngentīs equitibus tantam multitūdinem equitum prōpulerant, audācius subsistere nōnnumquam et novissimō agmine proeliō nostrōs lacessere coepērunt.

4 Caesar suōs ā proeliō continēbat, ac satis habēbat in praesentia hostem rapīnīs populātiōnibusque prohibēre.
5 Ita diēs circiter quīndecim iter fēcērunt utī inter novissimum hostium agmen et nostrum prīmum nōn amplius quīnīs aut sēnīs mīlibus passuum interesset. ....

[Ob nūntium falsum Rōmānī proeliō abstinent]
21 Eōdem diē ab explōrātōribus certior factus 'hostēs sub monte cōnsēdisse mīlia passuum ab ipsīus castrīs octō', quālis esset nātūra montis et quālis in circuitū ascēnsus,
2 quī cognōscerent, mīsit. Renūntiātum est 'facilem esse'.

Dē tertiā vigiliā T. Labiēnum, lēgātum prō praetōre, cum duābus legiōnibus et eīs ducibus quī iter cognōverant summum iugum montis ascendere iubet; quid suī
3 cōnsiliī sit ostendit. Ipse dē quārtā vigiliā eōdem itinere quō hostēs ierant ad eōs contendit equitātumque omnem
4 ante sē mittit. P. Cōnsidius, quī reī mīlitāris perītissimus

castra movēre = prōgredī cum exercitū
ad numerum IV mīlium : numerō ad (: ferē) IV mīlia
cōgere (<con- + agere) = in eundem locum agere, cōnscrībere
prae-mittere
quī vide*ant* : *ut* videant
cupid*ius* = nimis cupidē
novissimus -a -um = postrēmus
īn-sequī = persequī
(locus) aliēnus ↔ idōneus
com-mittere: proelium c. = proelium facere/incipere
tollere (animum) : superbum facere; sublātus = superbus
prō-pellere -pulisse -pulsum
sub-sistere = cōnsistere ac resistere
lacessere (proeliō) = *prōvocāre* (ad proelium)
con-tinēre = retinēre
satis habēbat = satis eī erat
in praesentia = in praesēns (tempus) | rapīna -ae *f* < rapere
populātiō -ōnis *f* < populārī

amplius *comp adv* = plūs

abs-tinēre (+ *abl*) = sē abstinēre (ab)

cōn-sēdisse : castra posuisse
circuitus -ūs *m* < *circu(m)-īre*
ascēnsus -ūs *m* < ascendere
explōrātōrēs mīsit quī (: *ut*) cognōscerent quālis esset...
prō praetōre : quī praetor fuit
praetor -ōris *m* = quī Rōmae iūrī praeest et cūrat ut cīvēs lēgibus pāreant

iugum (montis) = mōns longus
quid suī cōnsiliī sit = quāle suum cōnsilium sit

perītus -a -um = sciēns; p. reī (*gen*) = quī rem bene scit

15

L. *Cornēlius* Sulla, cōs. annō
88 a.C.
M. *Licinius* Crassus, cōs. (cum
Pompēiō) annō 70 et 55 a.C.

prīmā lūce = oriente sōle
summus mōns = summa pars
(/summum) montis
captīvus -ī *m* = mīles captus
com-perīre -perisse -pertum
= cognōscere
(equum) admittere = celerrimē
currentem facere; equō admissō : celerrimē vectus
"mōns quem ā L.ō occupārī volu*istī* ab hostibus ten*ētur:* id ā
Gallicīs armīs... cognōvī"
īnsigne -is *n* = quod aliquem
significat/nōscendum facit
sub-dūcere = sūrsum dūcere

prae-cipere -iō -cēpisse -ceptum
= faciendum dīcere, imperāre
"*nōlī* proelium committere nisi
meae cōpiae prope hostium
castra vīsae *erunt...*"

multō diē : multō post māne

prō vīsō : quasi vīsum

-āsse = -ā*vi*sse

cōnsuērat = -ē*ve*rat = solēbat
intervāllum -ī *n* = spatium quod
interest; *eō* -ō quō cōnsuērat
postrīdiē = posterō diē (eius
diēī: ab eō diē)
bī-duum -ī *n* = duo diēs
super-esse = reliquus esse
mētīrī mēnsum = statuere quantum sit; +*dat* partem statūtam
dare
cōpiōsus -a -um (<cōpia)=dīves

prō-spicere +*dat* = cūrāre (dē);
reī frūmentāriae p. = cūrāre ut
frūmentum suppetat
fugitīvus -ī *m* = servus fugitīvus
decuriō -ōnis *m* = quī *decuriae*
(: X equitibus) praefectus est

habēbātur et in exercitū L. Sullae et posteā in M. Crassī fuerat, cum explōrātōribus praemittitur.

Prīmā lūce, cum summus mōns ā Labiēnō tenērētur, **22** ipse ab hostium castrīs nōn longius mīlle et quīngentīs passibus abesset, neque, ut posteā ex captīvīs comperit, aut ipsīus adventus aut Labiēnī cognitus esset, Cōnsidius **2** equō admissō ad eum accurrit; dīcit 'montem quem ā Labiēnō occupārī voluerit ab hostibus tenērī: id sē ā Gallicīs armīs atque īnsignibus cognōvisse'.

Caesar suās cōpiās in proximum collem subdūcit, aciem **3** īnstruit. Labiēnus, ut erat eī praeceptum ā Caesare 'nē proelium committeret nisi ipsīus cōpiae prope hostium castra vīsae essent, ut undique ūnō tempore in hostēs impetus fieret', monte occupātō nostrōs exspectābat proeliōque abstinēbat.

Multō dēnique diē per explōrātōrēs Caesar cognōvit 'et **4** montem ā suīs tenērī, et Helvētiōs castra mōvisse – et Cōnsidium timōre perterritum quod nōn vīdisset prō vīsō sibi renūntiāsse!'

Eō diē quō cōnsuērat intervāllō hostēs sequitur, et mīlia **5** passuum tria ab eōrum castrīs castra pōnit.

Postrīdiē eius diēī, quod omnīnō bīduum supererat cum **23** excercituī frūmentum mētīrī oportēret, et quod ā Bibracte, oppidō Aeduōrum longē māximō et cōpiōsissimō, nōn amplius mīlibus passuum XVIII aberat, reī frūmentāriae prōspiciendum exīstimāvit: iter ab Helvētiīs āvertit ac Bibracte īre contendit. Ea rēs per fugitīvōs L. Aemiliī, **2** decuriōnis equitum Gallōrum, hostibus nūntiātur.

16

[*Dē proeliō apud Bibracte*]

3 Helvētiī, seu quod timōre perterritōs Rōmānōs discēdere ā sē exīstimārent – eō magis quod prīdiē, superiōribus locīs occupātīs, proelium nōn commīsissent – sīve eō quod rē frūmentāriā interclūdī posse cōnfīderent, commūtātō cōnsiliō atque itinere conversō, nostrōs ā novissimō agmine īnsequī ac lacessere coepērunt.

eō magis = tantō magis
prīdiē ↔ postrīdiē
eō *adv* = ideō, proptereā
inter-clūdere (< -claudere) = circumdandō prohibēre (ā)
eōs interclūdī posse cōnfīderent (= crēderent)
com-mūtāre = mūtāre

24 Postquam id animum advertit, cōpiās suās Caesar in proximum collem subdūcit, equitātumque quī sustinēret

animum ad-vertere = animadvertere
quī sustinēret = *ut* sustinēret

2 hostium impetum mīsit. Ipse interim in colle mediō triplicem aciem īnstrūxit legiōnum quattuor veterānārum;

collis medius = media collis pars
tri-plex -icis *adi* = in trēs partēs dīvīsus
veterānus -a -um (< vetus) = quī anteā mīlitāvit

3 sed in summō iugō duās legiōnēs quās in Galliā citeriōre proximē cōnscrīpserat et omnia auxilia collocārī ac tōtum montem hominibus complērī et intereā sarcinās in ūnum locum cōnferrī et eum ab eīs quī in superiōre aciē cōnstiterant mūnīrī iussit.

proximē = nūper
col-locāre (< locus) = pōnere
sarcina -ae *f* = quod mīles sēcum portat
cōn-ferre con-tulisse col-lātum = in eundem locum ferre
cōn-sistere -stitisse; cōnstiterant = stābant

4 Helvētiī cum omnibus suīs carrīs secūtī impedīmenta in ūnum locum contulērunt; ipsī cōnfertissimā aciē, reiectō nostrō equitātū, phalange factā sub prīmam nostram aciem successērunt.

impedīmenta -ōrum *n pl* = rēs quās agmen sēcum vehit
cōnfertus -a -um ↔ sparsus
re-icere -iēcisse -iectum < -iacere
phalanx -gis *f* = aciēs cōnferta
prīma aciēs = prīma aciēī pars
suc-cēdere = subīre, accēdere

25 Caesar, prīmum suō, deinde omnium ex cōnspectū remōtīs equīs, ut aequātō omnium perīculō spem fugae

suō *equō*

aequāre = aequum facere

2 tolleret, cohortātus suōs proelium commīsit. Mīlitēs ē locō superiōre pīlīs missīs facile hostium phalangem perfrēgērunt. Eā disiectā, gladiīs dēstrictīs in eōs impetum fēcērunt.

co-hortārī = hortārī (multōs)
per-fringere -frēgisse -frāctum < per + frangere
dis-icere -iō -iēcisse -iectum (< dis- + iacere) = spargere
dē-stringere -īnxisse -ictum; (gladium) d. = ēdūcere

3 Gallīs magnō ad pugnam erat impedīmentō quod, plūribus eōrum scūtīs ūnō ictū pīlōrum trānsfīxīs et

impedīmentum -ī *n* < impedīre; eī -ō (*dat*) est = eum impedit
ictus -ūs *m* < *īcere* = percutere trāns-fīgere

17

col-ligāre = *ligāre* (= vincīre)
  inter sē, coniungere (ligandō)
īn-flectere = flectere
ē-vellere = vī ēripere; *pīla* ē.
commodus -a -um = facilis
prae-optāre = praeferre; (ita) ut
  multī... praeoptārent
ē-mittere (*ē* manū)

dē-fessus -a -um = fatīgātus
pedem re-ferre : recēdere
sub-esse; sub-erat : aberat

(agmen) claudere = fīnīre

alicui praesidiō (*dat*) esse = aliquem tuērī
~ēre = ~ērunt
cōn-spicārī = cōnspicere
īn-stāre = ācriter aggredī

red-integrāre = dēnuō facere
signa īnferre = aggredī
bi-pertītus -a -um = in duās
  partēs dīvīsus; *adv* -ō
sub-movēre = ē locō removēre

anceps -cipitis *adi* = in duās
  partes versus, dubius

sē cōnferre = īre

ā-versum : quī tergum vertēbat

prō vāllō = tamquam vāllum
ob-icere -iō -iēcisse -iectum
  = ante pōnere
con-icere = iacere
matara, trāgula -ae *f* = pīla
  Gallica (ad iaciendum)
sub-icere = iacere (ē locō īnferiōre)

rota
-ae *f*

colligātīs, cum ferrum sē īnflēxisset, neque ēvellere neque sinistrā impedītā satis commodē pugnāre poterant – multī ut diū iactātō bracchiō praeoptārent scūtum manū 4 ēmittere et nūdō corpore pugnāre.

Tandem vulneribus dēfessī et pedem referre et, quod 5 mōns suberat circiter mīlle passuum, eō sē recipere coepērunt.

Captō monte, et succēdentibus nostrīs, Bōiī et Tulingī, 6 quī hominum mīlibus circiter XV agmen hostium claudē- bant et novissimīs praesidiō erant, ex itinere nostrōs latere apertō aggressī circumvēnēre, et id cōnspicātī Helvētiī, quī in montem sēsē recēperant, rūrsus īnstāre et proelium redintegrāre coepērunt. Rōmānī conversa signa 7 bipertītō intulērunt: prīma et secunda aciēs, ut victīs ac submōtīs resisteret, tertia, ut venientēs sustinēret.

Ita ancipitī proeliō diū atque ācriter pugnātum est. 26 Diūtius cum sustinēre nostrōrum impetūs nōn possent, alterī sē, ut coeperant, in montem recēpērunt, alterī ad impedīmenta et carrōs suōs sē contulērunt. Nam hōc tōtō 2 proeliō, cum ab hōrā septimā ad vesperum pugnātum sit, āversum hostem vidēre nēmō potuit.

Ad multam noctem etiam ad impedīmenta pugnātum 3 est, proptereā quod prō vāllō carrōs obiēcerant, et ē locō superiōre in nostrōs venientēs tēla coniciēbant, et nōn- nūllī inter carrōs rotāsque matarās ac trāgulās subiciēbant nostrōsque vulnerābant. Diū cum esset pugnātum, im- 4 pedīmentīs castrīsque nostrī potītī sunt. Ibi Orgetorīgis fīlia atque ūnus ē fīliīs captus est.

5 Ex eō proeliō circiter hominum mīlia CXXX superfuē-
runt, eāque tōtā nocte continenter iērunt: nūllam partem
noctis itinere intermissō in fīnēs Lingonum diē quārtō pervēnērunt, cum et propter vulnera mīlitum et propter sepul-
tūram occīsōrum nostrī trīduum morātī eōs sequī nōn
potuissent.

6 Caesar ad Lingonas litterās nūntiōsque mīsit: 'nē eōs
frūmentō nēve aliā rē iuvārent; quī sī iūvissent, sē eōdem
locō quō Helvētiōs habitūrum'. Ipse, trīduō intermissō,
cum omnibus cōpiīs eōs sequī coepit.

27 Helvētiī omnium rērum inopiā adductī lēgātōs dē dēdi-
2 tiōne ad eum mīsērunt. Quī cum eum in itinere convēnissent sēque ad pedēs prōiēcissent suppliciterque locūtī
flentēs pācem petīssent, atque eōs in eō locō quō tum
essent suum adventum exspectāre iussisset, pāruērunt.

3 Eō postquam Caesar pervēnit, obsidēs, arma, servōs quī
4 ad eōs perfūgissent poposcit. Dum ea conquīruntur et
cōnferuntur, nocte intermissā, circiter hominum mīlia sex
eius pāgī quī Verbigenus appellātur, sīve timōre perterritī
nē armīs trāditīs suppliciō afficerentur, sīve spē salūtis in-
ductī, quod in tantā multitūdine dēditīciōrum suam fugam
aut occultārī aut omnīnō ignōrārī posse exīstimārent,
prīmā nocte ē castrīs Helvētiōrum ēgressī ad Rhēnum
fīnēsque Germānōrum contendērunt.

28 Quod ubi Caesar resciit, quōrum per fīnēs ierant hīs utī
conquīrerent et redūcerent, 'sī sibi pūrgātī esse vellent',
2 imperāvit; reductōs in hostium numerō habuit. Reliquōs
omnēs, obsidibus, armīs, perfugīs trāditīs, in dēditiōnem

inter-mittere = inter rem moram
facere; nūllam partem noctis
itinere intermissō : tōtam noctem sine morā itinere factō
sepultūra -ae f < sepelīre -īvisse
-pultum: corpora mortuōrum
sepeliuntur (sub terrā)
trīduum -ī n = trēs diēs
morārī = moram facere

Lingonas acc pl = Lingonēs
"nōlite eōs... iuvāre! sī (eōs)
iūveritis, vōs eōdem locō quō
Helvētiōs habēbō"
eōdem locō quō Helvētiōs : in
hostium numerō
trīduō inter-missō : post trīduī
moram, trīduō post
dēditiō -ōnis f < dē-dere -didisse
-ditum = trādere; sē dēdere:
dē hoste victō dīcitur
eum convenīre = cum eō c.

supplex -icis adi = ōrāns; sup-
pliciter adv = cum precibus
-īssent = -iissent = -īvissent
atque Caesar eōs... iussisset

per-fugere
poscere poposcisse
con-quīrere = quaerere

dēditīcius -a -um = quī sē dē-
didit
omnīnō = plānē

prīmā nocte = initiō noctis
ē-gredī -ior -gressum = exīre

re-scīscere -īvisse -ītum =
cognōscere; -iit = -īvit
imperāvit hīs per quōrum fīnēs
ierant ut eōs conquīrerent...
pūrgāre = pūrum (: iūstum) facere, excūsāre; "sī mihi (: ā mē)
pūrgātī esse vultis"
per-fuga -ae m = mīles quī ad
hostēs perfūgit

tolerāre = patī, ferre

frūmentī cōpiam facere = satis
frūmentī dare
ipsōs: *Helvētiōs...*
re-stituere -uisse -ūtum (< re-
+ statuere) = rūrsus facere
vacāre = vacuum esse (: sine
frūgibus)
bonitās -ātis *f* < bonus

Aeduīs petentibus 'ut Bōiōs...
in fīnibus suīs collocārent
(: collocāre sibi licēret)'
concessit (= permīsit)
illī : Aeduī

pār atque = īdem atque; (īdem/
pār/aequus/alius/contrā) atque
= quam

re-ferre rettulisse re-lātum

nōminātim = nōminibus datīs
ratiō = numerus computātus
sēparātus -a -um *part* < *sēparāre* ↔ coniungere; *adv* -im
summa -ae *f* (↔ pars) = tōtus
numerus
capitum : hominum

XIIII = XIV

cēnsus -ūs *m* < cēnsēre = capita
numerāre; cēnsū habitō = capitibus numerātīs

accēpit. Helvētiōs, Tulingōs, Latovicōs in fīnēs suōs, 3
unde erant profectī, revertī iussit, et, quod omnibus
frūgibus āmissīs domī nihil erat quō famem tolerārent,
Allobrogibus imperāvit ut hīs frūmentī cōpiam facerent;
ipsōs oppida vīcōsque quōs incenderant restituere iussit.
Id eā māximē ratiōne fēcit quod nōluit eum locum unde 4
Helvētiī discesserant vacāre, nē propter bonitātem agrōrum Germānī quī trāns Rhēnum incolunt ē suīs fīnibus in
Helvētiōrum fīnēs trānsīrent et fīnitimī Galliae prōvinciae
Allobrogibusque essent. Bōiōs, petentibus Aeduīs, quod 5
ēgregiā virtūte erant cognitī, ut in fīnibus suīs collocārent, concessit; quibus illī agrōs dedērunt quōsque posteā
in parem iūris lībertātisque condiciōnem atque ipsī erant
recēpērunt.

In castrīs Helvētiōrum tabulae repertae sunt litterīs 29
Graecīs cōnfectae, et ad Caesarem relātae, quibus in
tabulīs nōminātim ratiō cōnfecta erat: quī numerus domō
exīsset eōrum quī arma ferre possent, et item sēparātim
puerī, senēs mulierēsque. Quārum omnium rērum summa 2
erat capitum Helvētiōrum mīlia CCLXIII, Tulingōrum mīlia
XXXVI, Latovicōrum XIIII, Rauricōrum XXIII, Bōiōrum
XXXII. Ex hīs quī arma ferre possent, ad mīlia nōnāgintā
duo. Summa omnium fuērunt ad mīlia CCCLXVIII. Eōrum 3
quī domum rediērunt, cēnsū habitō ut Caesar imperāverat, repertus est numerus mīlium C et decem.

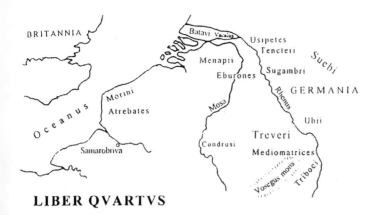

Atrebatēs -um *m pl*
Batāvī -ōrum *m pl*
Eburōnēs -um *m pl*
Lingonēs -um *m pl*
Mediōmātricēs -um *m pl*
Menapiī -ōrum *m pl*
Morinī -ōrum *m pl*
Mosa -ae *m*, flūmen
Suēbī -ōrum *m pl*
Sugambrī -ōrum *m pl*
Tencterī -ōrum *m pl*
Trēverī -ōrum *m pl*
Tribocī -ōrum *m pl*
Ūbiī -ōrum *m pl*
Ūsipetēs -um *m pl*
Vacalus -ī *m*, fluvius
Vosegus -ī *m*, mōns

LIBER QVARTVS

[*Dē Suēbīs quī aliōs Germānōs in Galliam migrāre cōgunt*]

1 Eā quae secūta est hieme, quī fuit annus Cn. Pompēiō

M. Crassō cōnsulibus, Ūsipetēs Germānī et item Tencterī

magnā cum multitūdine hominum flūmen Rhēnum trāns-

2 iērunt nōn longē ā marī quō Rhēnus īnfluit. Causa trāns-

eundī fuit quod, ab Suēbīs complūrēs annōs exagitātī,

bellō premēbantur et agrī cultūrā prohibēbantur.

3 Suēbōrum gēns est longē māxima et bellicōsissima

4 Germānōrum omnium. Hī centum pāgōs habēre dīcuntur,

ex quibus quotannīs singula mīlia armātōrum bellandī

5 causā ex fīnibus ēdūcunt. Reliquī quī domī mānsērunt sē

atque illōs alunt. Hī rūrsus invicem annō post in armīs

6 sunt, illī domī remanent. Sīc neque agrī cultūra nec ratiō

atque ūsus bellī intermittitur.

7 Sed prīvātī ac sēparātī agrī apud eōs nihil est, neque

longius annō remanēre ūnō in locō incolendī causā licet.

8 Neque multum frūmentō, sed māximam partem lacte atque

9 pecore vīvunt, multumque sunt in vēnātiōnibus; quae rēs

et cibī genere et cotīdiānā exercitātiōne et lībertāte vītae,

quod ā puerīs nūllō officiō aut disciplīnā assuēfactī nihil

omnīnō contrā voluntātem faciant, et vīrēs alit et immānī

migrāre = in alium locum īre
habitātum
annus 55 a.C.

ex-agitāre = molestē perturbāre

cultūra -ae *f* < colere
: agrōs colere prohibēbantur

armātī -ōrum *m pl* : mīlitēs

manēre mānsisse

in-vicem = partibus mūtātīs

ratiō -ōnis *f* = ars cūrandī/pa-
randī, cūra et studium
ūsus -ūs *m* < ūtī

sēparātus -a -um ↔ commūnis

longius annō < diūtius quam
annum (ūnum)
māximam partem = māximē
vēnātiō -ōnis *f* < vēnārī = ferās
persequī atque caedere
exercitātiō -ōnis *f* < exercitāre =
(sē) movēre ut vīrēs augeantur
disciplīna -ae *f* (< discipulus)
= quod discendum est
assuē-facere aliquem (+ *abl*) =
facere ut aliquis cōnsuēscat
alit : auget

21

magnitūdō -inis *f* < magnus
cōnsuētūdō -inis *f* = quod cōn-
suēvit/solet fierī, mōs; in -em
sē ad-dūcere = cōnsuēscere
vestītus -ūs *m* = vestis
quic-quam = qui*d*quam
exiguitās -ātis *f* < exiguus

aperta : nūda

aditus -ūs *m* < ad-īre
eō (= ideō) ut habeant *aliquōs*
quibus vēndant *ea quae...*
quam quō = quam (eō) quod
dēsīderent : cupiant
quīn etiam = vērum etiam
impēnsus -a -um = nimius
(pretiō) parāre = emere

dē-fōrmis -e = foedus
summī labōris (*gen quālitātis*)
= quī summum (: māximum)
labōrem ferre potest
equester -tris -tre < eques

proeliārī (<proelium) = pugnāre
vestīgiō : locō (quō stant)
ūsus est = opus est

in-ers -rtis *adi* = piger
quī- quae- quod-vīs: quī-vīs
numerus : quisquis numerus
est, sīve magnus sīve parvus
quam-vīs paucī : etiam sī paucissimī sunt
-vīs *pers 2 sg praes ind* < velle

re-mollēscere = mollis fierī

ephippium
-ī *n*

eques ephippiātus

succēdunt : sub iīs (prope eōs)
sunt, fīnitimī sunt
amplus -a -um = magnus
flōrēre = in flōre esse, valēre
captus -ūs *m* < capere (mente)

corporum magnitūdine hominēs efficit. Atque in eam sē 10
cōnsuētūdinem addūxērunt ut locīs frīgidissimīs neque
vestītūs praeter pellēs habērent quicquam,
quārum propter exiguitātem magna est cor-
poris pars aperta, et lavantur in flūminibus. pellis -is *f*

Mercātōribus est aditus magis eō ut quae bellō cēperint 2
quibus vēndant habeant, quam quō ūllam rem ad sē importārī dēsīderent. Quīn etiam iūmentīs, quibus māximē 2
Gallī dēlectantur quaeque impēnsō parant pretiō, Germānī importātīs nōn ūtuntur, sed quae sunt apud eōs nāta,
prāva atque dēfōrmia, haec cotīdiānā exercitātiōne summī
ut sint labōris efficiunt.

Equestribus proeliīs saepe ex equīs dēsiliunt ac pedibus 3
proeliantur equōsque eōdem remanēre vestīgiō assuēfēcē-
runt, ad quōs sē celeriter cum ūsus est recipiunt; neque 4
eōrum mōribus turpius quicquam aut inertius habētur
quam ephippiīs ūtī. Itaque ad quemvīs numerum ephippi- 5
ātōrum equitum quamvīs paucī adīre audent.

Vīnum ad sē omnīnō importārī nōn sinunt, quod eā rē 6
ad labōrem ferendum remollēscere hominēs atque ef-
fēminārī arbitrantur.

Pūblicē māximam putant esse laudem quam lātissimē ā 3
suīs fīnibus vacāre agrōs: hāc rē significārī magnum
numerum cīvitātum suam vim sustinēre nōn posse. Itaque 2
ūnā ex parte ā Suēbīs circiter mīlia passuum sescenta agrī
vacāre dīcuntur.

Ad alteram partem succēdunt Ūbiī, quōrum fuit cīvitās 3
ampla atque flōrēns, ut est captus Germānōrum, et paulō

22

sunt quam eiusdem generis cēterī hūmāniōrēs, proptereā quod Rhēnum attingunt multumque ad eōs mercātōrēs ventitant, et ipsī propter propinquitātem Gallicīs sunt

4 mōribus assuēfactī. Hōs cum Suēbī, multīs saepe bellīs expertī, propter amplitūdinem gravitātemque cīvitātis fīnibus expellere nōn potuissent, tamen vectīgālēs sibi fēcērunt ac multō humiliōrēs īnfīrmiōrēsque redēgērunt.

4 In eādem causā fuērunt Usipetēs et Tencterī, quōs suprā dīximus, quī complūrēs annōs Suēbōrum vim sustinuērunt, ad extrēmum tamen agrīs expulsī et multīs locīs Germāniae triennium vagātī ad Rhēnum pervēnē-

2 runt; quās regiōnēs Menapiī incolēbant et ad utramque

3 rīpam flūminis agrōs, aedificia, vīcōsque habēbant; sed tantae multitūdinis aditū perterritī ex eīs aedificiīs quae trāns flūmen habuerant dēmigrāvērunt, et cis Rhēnum dispositīs praesidiīs Germānōs trānsīre prohibēbant.

4 Illī omnia expertī, cum neque vī contendere propter inopiam nāvium neque clam trānsīre propter cūstōdiās Menapiōrum possent, revertī sē in suās sēdēs regiōnēsque simulāvērunt, et trīduī viam prōgressī rūrsus revertērunt,

5 atque omnī hōc itinere ūnā nocte equitātū cōnfectō, īn-

6 sciōs inopīnantēsque Menapiōs oppressērunt, quī dē Germānōrum discessū per explōrātōrēs certiōrēs factī sine

7 metū trāns Rhēnum in suōs vīcōs remigrāverant. Hīs interfectīs nāvibusque eōrum occupātīs, prius quam ea pars Menapiōrum quae citrā Rhēnum erat certior fieret, flūmen trānsiērunt, atque omnibus eōrum aedificiīs occupātīs, reliquam partem hiemis sē eōrum cōpiīs aluērunt.

---

paulō hūmāniōrēs sunt quam
cēterī eiusdem generis
hūmānus ↔ ferus (barbarus)
at-tingere -tigisse -tāctum < ad
+ tangere
ventitāre = saepe venīre
propinquitās -ātis *f* < propinquus

ex-perīrī -pertum = cōnārī
amplitūdō -inis *f* < amplus
gravitās -ātis *f* < gravis
vectīgālis -e = quī cīvitātī pecūniam solvere dēbet
īn-fīrmus -a -um = invalidus
red-igere + *adi* = facere
causa : condiciō, fortūna

suprā (*adv*): cap. 1.1

ad extrēmum = postrēmō
ex agrīs expulsī
tri-ennium -ī *n* = trēs annī

dē-migrāre

prohibēbant : prohibēre cōnābantur (*imperf dē cōnātū*)
illī : Germānī

clam ↔ apertē
cūstōdia -ae *f* = praesidium
(quō locus cūstōdītur)

simulāre = similem facere; revertī sē simulāvērunt = fēcērunt ut revertī vidērentur
īn-scius -a -um = nesciēns
op-primere -pressisse -pressum
< ob + premere
dis-cessus -ūs *m* < discēdere

re-migrāre

prius quam = priusquam
(+ *coni* : nē prius...)

alere -uisse altum

23

citus -a -um = celer; *adv* citō

īnfirmitās -ātis *f* = animus īn-
firmus (īnfīdus)
mōbilis -e = quī facile movētur
/permovētur
committere + *dat* = crēdere, cōn-
fīdere
est hoc Gallicae cōnsuētūdinis =
Gallī hoc facere cōnsuēvērunt
viātor -ōris *m* (< via) = quī iter
facit
-*i*erit = -*ī*verit

vulgus -ī *n* = populus, cīvēs
circum-sistere -stetisse = cōn-
sistere et circumdare
prō-nūntiāre = multīs nūntiāre
audītiō -ōnis *f* = quod audītur
in-īre: cōnsilium i. = c. capere
in vestīgiō : statim
paenitēre (+ *acc, gen*): *mē* pae-
nitet factī = doleō quod fēcī
(rūmōribus) servīre : pārēre
fingere fīnxisse fictum = falsa
excōgitāre; ficta *n pl* = rēs
fictae (falsae)
mātūrē = ante tempus; *comp*
mātūrius = prius, celerius
cōnsuēverat = solēbat
fore *inf fut* < esse/fierī
suspicārī = crēdere incipere
facta *esse*

invītāre = rogāre ut veniat
ab Rhēnō *in Galliam*
"omnia quae postulā*veritis* ā
nōbīs parāta *erunt*"; -āssent
= -ā*vi*ssent

cliēns -entis *m* = cīvis pauper
quī cīvī nōbilī et dīvitī operam
dat; cīvitās quae māiōrī cīvitātī pāret

ē-vocāre
dis-simulāre = simulāre sē ne-
scīre, occultāre
per-mulcēre -sisse -sum ↔ perturbāre
cōn-firmāre = *firmum* facere;
firmus -a -um = validus et
cōnstāns
dē-ligere -lēgisse -lēctum
= ēligere

[*Caesar citō profectus Germānōs ē Galliā exīre iubet*]

Hīs dē rēbus Caesar certior factus et īnfirmitātem Gal- 5
lōrum veritus, quod sunt in cōnsiliīs capiendīs mōbilēs et
novīs plērumque rēbus student, nihil hīs committendum
exīstimāvit. Est enim hoc Gallicae cōnsuētūdinis utī et 2
viātōrēs etiam invītōs cōnsistere cōgant et quod quisque
eōrum dē quāque rē audierit aut cognōverit quaerant, et
mercātōrēs in oppidīs vulgus circumsistat, quibusque ex
regiōnibus veniant quāsque ibi rēs cognōverint prōnūntiāre cōgant. Hīs rēbus atque audītiōnibus permōtī dē 3
summīs saepe rēbus cōnsilia ineunt, quōrum eōs in vestīgiō paenitēre necesse est, cum incertīs rūmōribus serviant
et plērīque ad voluntātem eōrum ficta respondeant.

Quā cōnsuētūdine cognitā Caesar, nē graviōrī bellō 6
occurreret, mātūrius quam cōnsuērat ad exercitum prō-
ficīscitur. Eō cum vēnisset, ea quae fore suspicātus erat 2
facta cognōvit: missās lēgātiōnēs ab nōnnūllīs cīvitātibus 3
ad Germānōs invītātōsque eōs 'utī ab Rhēnō discēderent,
omniaque quae postulāssent ab sē fore parāta'. Quā spē 4
adductī Germānī lātius vagābantur et in fīnēs Eburōnum
et Condrūsōrum, quī sunt Trēverōrum clientēs, pervēnerant.

Prīncipibus Galliae ēvocātīs, Caesar ea quae cognōverat 5
dissimulanda sibi exīstimāvit, eōrumque animīs per-
mulsīs et cōnfirmātīs equitātūque imperātō, bellum cum
Germānīs gerere cōnstituit.

Rē frūmentāriā comparātā equitibusque dēlēctīs, iter in 7
ea loca facere coepit quibus in locīs esse Germānōs

2 audiēbat. Ā quibus cum paucōrum diērum iter abesset, legātī ab eīs vēnērunt, quōrum haec fuit ōrātiō:

3 'Germānōs neque priōrēs populō Rōmānō bellum īnferre neque tamen recūsāre, sī lacessantur, quīn armīs contendant, quod Germānōrum cōnsuētūdō haec sit ā māiōribus trādita: quīcumque bellum īnferant resistere neque dēprecārī. Haec tamen dīcere: vēnisse invītōs, ē-

4 iectōs domō; sī suam grātiam Rōmānī velint, posse eīs ūtilēs esse amīcōs; vel sibi agrōs attribuant vel patiantur

5 eōs tenēre quōs armīs possēderint: sēsē ūnīs Suēbīs concēdere, quibus nē dī quidem immortālēs parēs esse possint – reliquum quidem in terrīs esse nēminem quem nōn superāre possint!'

8 Ad haec quae vīsum est Caesar respondit; sed exitus fuit ōrātiōnis: 'sibi nūllam cum hīs amīcitiam esse posse,

2 sī in Galliā remanērent; neque vērum esse, quī suōs fīnēs tuērī nōn potuerint aliēnōs occupāre; neque ūllōs in Galliā vacāre agrōs quī darī tantae praesertim multitūdinī

3 sine iniūriā possint; sed licēre, sī velint, in Ūbiōrum fīnibus cōnsīdere, quōrum sint lēgātī apud sē et dē Suēbōrum iniūriīs querantur et ā sē auxilium petant: hoc sē Ūbiīs imperātūrum'.

9 Lēgātī 'haec sē ad suōs relātūrōs' dīxērunt, 'et, rē dēlīberātā, post diem tertium ad Caesarem reversūrōs'; intereā 'nē propius sē castra movēret' petiērunt.

2 'Nē id quidem' Caesar 'ab sē impetrārī posse' dīxit.

3 Cognōverat enim 'magnam partem equitātūs ab eīs aliquot diēbus ante praedandī frūmentandīque causā ad

"nōs Germānī neque priōrēs p.ō R.ō bellum īnferimus neque tamen recūsāmus, sī lacessimur, quīn armīs contendāmus..."
recūsāre = nōlle; nōn recūsō quīn +coni = nōn nōlō (immō volō)
quī-cumque = quisquis
dē-precārī = precibus prohibēre
sē dīcere, sē vēnisse: "haec tamen dīcimus: vēnimus invītī ēiectī domō; sī nostram grātiam vultis, possumus vōbīs ūtilēs esse amīcī"
ūtilis -e (< ūtī) = quī ūsū prōdest
at-tribuere = dare quod dēbētur
"vel nōbīs agrōs attribuite vel nōs patiminī eōs tenēre quōs armīs possēdimus: ūnīs Suēbīs concēdimus ... reliquus... est nēmō quem nōn superāre possīmus!'
(con-)cēdere +dat ↔ pār esse
superāre (< super) = vincere
quae eī vīsum est = quod respondendum esse cēnsuit
"mihi nūlla cum vōbīs amīcitia esse potest, sī in Galliā remanētis; neque vērum est..."
vērum est : iūstum est, oportet
(eōs quī...)

praesertim = praecipuē

"sed (vōbīs) licet, sī vultis..."

cōn-sīdere = sēdem capere
"quōrum sunt lēgātī apud mē et ... queruntur et ā mē auxilium petunt: hoc Ūbiīs imperābō" imperātūrum esse

re-ferre = re-nūntiāre
"haec ad nostrōs referēmus, et ... ad tē revertēmur" reversūrōs esse
"nē propius nōs castra mōveris!"
-iērunt = -īvērunt

praedārī < praeda -ae f = quod vī capitur (in bellō)
frūmentārī = frūmentum parāre

Ambivarītī -ōrum *m pl*
Mosa -ae *m*, flūmen
inter-pōnere

Ambivarītōs trāns Mosam missam': hōs exspectārī equitēs atque eius reī causā moram interpōnī arbitrābātur.

[*Dē Mosā flūmine et Rhēnō*]

prō-fluere
Vosegus -ī *m*, mōns (inter Mosam et Rhēnum)

Mosa prōfluit ex monte Vosegō, quī est in fīnibus 10
Lingonum, et parte quādam ex Rhēnō receptā, quae

Vacalus -ī *m*, fluvius (Rhēnī
pars in Ōceanum īnfluēns)

appellātur Vacalus, īnsulam efficit Batāvōrum, neque 2
longius ab Ōceanō mīlibus passuum LXXX in Rhēnum īnfluit.

Nantuātēs -ium *m pl*, gēns Alpium (procul ā Rhēnō!)
Mediōmātricēs -um, Tribocī
-ōrum *m pl*, gentēs Galliae
Rhēnō fīnitimae
citātus -a -um = citus, citō flu-
ēns
dē-fluere

Rhēnus autem oritur ex Lēpontiīs, quī Alpēs incolunt, 3
et longō spatiō per fīnēs Nantuātium, Helvētiōrum,
Sēquanōrum, Mediōmātricum, Tribocōrum, Trēverōrum
citātus fertur et, ubi Ōceanō appropinquāvit, in plūrēs 4
dēfluit partēs, multīs ingentibus īnsulīs effectīs – quārum

nātiō -ōnis *f* = gēns, populus

pars magna ā ferīs barbarīsque nātiōnibus incolitur, ex 5
quibus sunt quī piscibus atque ōvīs avium vīvere

caput (flūminis) : ōstium

exīstimantur – multīsque capitibus in Ōceanum īnfluit.

dolus -ī *m* = cōnsilium fallendī

[*Equitēs Germānōrum per dolum Rōmānōs aggrediuntur*]

con-gredī -ior -gressum = convenīre; *eum* congressī
magnopere *adv* (< magnō opere)
= valdē; m. ōrābant
ante-cēdere = praecēdere
nūntium praemitteret
potestātem (agendī) facere + *dat*
= facere ut liceat (agere)
senātus -ūs *m* = cīvēs ēlēctī quī
cōnsilia capiunt dē rē pūblicā
iūrāre = dīs testibus affirmāre;
iūs iūrandum : quod iūrātur
fidēs = prōmissum; "sī prīncipēs
ac senātus *nōbīs*... fidem fēce-
rit,eā condiciōne quae ā *tē fertur ūtēmur;* ad hās rēs cōnficiendās *dā nōbīs* trīduī spatium!"

Caesar cum ab hoste nōn amplius passuum XII mīlibus 11
abesset, ut erat cōnstitūtum, ad eum lēgātī revertuntur;
quī in itinere congressī magnopere 'nē longius prōgrede-
rētur' ōrābant. Cum id nōn impetrāssent, petēbant 'utī ad 2
eōs equitēs quī agmen antecessissent praemitteret eōsque
pugnā prohibēret, sibique ut potestātem faceret in Ūbiōs
lēgātōs mittendī'; 'quōrum sī prīncipēs ac senātus sibi 3
iūre iūrandō fidem fēcisset, eā condiciōne quae ā Caesare
ferrētur sē ūsūrōs' ostendēbant; 'ad hās rēs cōnficiendās
sibi trīduī spatium daret'.

4 Haec omnia Caesar eōdem illō pertinēre arbitrābātur: ut, trīduī morā interpositā, equitēs eōrum quī abessent reverterentur. Tamen 'sēsē nōn longius mīlibus passuum 5 quattuor aquātiōnis causā prōcessūrum eō diē' dīxit, 'hūc posterō diē quam frequentissimī convenīrent, ut dē eōrum 6 postulātīs cognōsceret'. Interim ad praefectōs quī cum omnī equitātū antecesserant mittit quī nūntiārent 'nē hostēs proeliō lacesserent et, sī ipsī lacesserentur, sustinērent, quoad ipse cum exercitū propius accessisset'.

12 At hostēs, ubi prīmum nostrōs equitēs cōnspexērunt, quōrum erat v mīlium numerus, cum ipsī nōn amplius octingentōs equitēs habērent (quod eī quī frūmentandī causā ierant trāns Mosam nōndum redierant), nihil timentibus nostrīs – quod lēgātī eōrum paulō ante ā Caesare discesserant atque is diēs indūtiīs erat ab hīs petītus – 2 impetū factō celeriter nostrōs perturbāvērunt! Rūrsus hīs resistentibus, cōnsuētūdine suā ad pedēs dēsiluērunt, subfossīs equīs complūribusque nostrīs dēiectīs reliquōs in fugam coniēcērunt atque ita perterritōs ēgērunt ut nōn prius fugā dēsisterent quam in cōnspectum agminis nostrī vēnissent.

3 In eō proeliō ex equitibus nostrīs interficiuntur quattuor 4 et septuāgintā, in hīs vir fortissimus Pīsō Aquitānus, amplissimō genere nātus, cuius avus in cīvitāte suā rēgnum obtinuerat, 'amīcus' ab senātū nostrō appellātus. 5 Hic cum frātrī interclūsō ab hostibus auxilium ferret, illum ex perīculō ēripuit, ipse equō vulnerātō dēiectus 6 quoad potuit fortissimē restitit; cum circumventus multīs

---

eō-dem *adv* = in eundem locum, ad eandem rem
illō *adv* = illūc, ad illud

prōcessūrum *esse*
aquātiō -ōnis *f* < *aquārī* = aquam arcessere
postulātum -ī *n* = quod postulātur; "hūc *crās*... conven*īte*, ut dē *vestrīs* postulātīs cognōsc*am*"
praefectus -ī *m* = quī equitibus praefectus est
nūntiōs mittit (*ut* nūntiārent...)
"*nōlīte* hostēs proeliō lacess*ere*, et sī *vōs* lacess*iminī*, sustin*ēte*, quoad *ego*... access*erō!*"
quo-ad = ad id tempus quō, dum
ubi prīmum +*perf* = cum prīmum
nōn amplius (= plūs) *quam*

eī = iī (*nōm pl m* < is)

indūtiae -ārum *f pl* = tempus quō bellum intermittitur
hīs : nostrīs

sub-fodere -iō -fōdisse -fossum = ex īnferiōre parte trānsfīgere

(ā) fugā dēsistere = fugere dēsistere

Aquitānī, *sg* Aquitānus -ī *m*
genus -eris *n* = gēns : cūnctī cōnsanguineī; *ex* amplissimō genere nātus (ortus)
senātus -ūs *m:* s. Rōmānus cōnstat ex DC *senātōribus*, cīvibus prīncipibus quōrum cōnsiliō cōnsulēs ūtuntur
inter-clūdere -sisse -sum

quo-ad = (tamdiū) quamdiū, dum
re-sistere -stitisse

ex-cēdere = exīre (ē proeliō)
in-citāre = citum (citō currentem) facere
(hostibus) sē of-ferre = occurrere sine metū

re-tinēre -uisse -tentum

audiendōs/accipiendās *esse*

īnsidiae = dolus malus
ultrō *adv* = suā sponte (nōn la-
cessītus)

dēmentia -ae *f* < *dē-mēns* -entis
adi = cui mēns sāna nōn est;
summae dēmentiae (*gen*) est :
dēmentissimum est
cōn-sequī = habēre incipere
(↔ āmittere)
nihil spatiī = nihil temporis
dandum *esse*
quaestor -ōris *m* = vir cui negōtium est pecūniās pūblicās cūrāre (apud exercitum)
commūnicāre: rem c. cum eō =
eum certiōrem facere dē rē
praeter-mittere
opportūnus -a -um = idōneus et
fēlīx
perfidia -ae *f* ↔ fidēs
simulātiō -ōnis *f* < simulāre
nātū *abl m* < nāscī; māior nātū
= māior aetāte
ad-hibēre < ad + -habēre
suī (*gen* < sē) pūrgandī causā
= ut sē pūrgārent
contrā *adv;* c. atque (= quam)
esset dictum (: prōmissum)

gaudēre gavīsum esse; gavīsus =
gaudēns (eōs sibi oblātōs esse)
ē castrīs ēdūxit
recēns -entis = nūper factus
sub-sequī = sequī (↔ prae-
cēdere)
(aciem) īnstituere = īnstruere
octō mīlium *passuum*

vulneribus acceptīs cecidisset, atque id frāter, quī iam proeliō excesserat, procul animadvertisset, incitātō equō sē hostibus obtulit atque interfectus est.

[*Caesar, lēgātīs retentīs, castra Germānōrum expugnat*]

Hōc factō proeliō, Caesar neque iam sibi lēgātōs 13 audiendōs neque condiciōnēs accipiendās arbitrābātur ab eīs quī, per dolum atque īnsidiās petītā pāce, ultrō bellum intulissent. Exspectāre vērō, dum hostium cōpiae augē- 2 rentur equitātusque reverterētur, summae dēmentiae esse iūdicābat. Et, cognitā Gallōrum īnfirmitāte, quantum iam 3 apud eōs hostēs ūnō proeliō auctōritātis essent cōnsecūtī sentiēbat; quibus ad cōnsilia capienda nihil spatiī dandum exīstimābat.

Hīs cōnstitūtīs rēbus, et cōnsiliō cum lēgātīs et quaes- 4 tōre commūnicātō 'nē quem diem pugnae praeter- mitteret', opportūnissima rēs accidit quod postrīdiē eius diēī māne, eādem et perfidiā et simulātiōne ūsī, Germānī frequentēs, omnibus prīncipibus māiōribusque nātū ad- hibitīs, ad eum in castra vēnērunt, simul, ut dīcēbātur, suī 5 pūrgandī causā 'quod contrā atque esset dictum et ipsī petīssent, proelium prīdiē commīsissent' simul ut, sī quid possent, dē indūtiīs fallendō impetrārent. Quōs sibi 6 Caesar oblātōs gavīsus, illōs retinērī iussit, ipse omnēs cōpiās castrīs ēdūxit equitātumque, quod recentī proeliō perterritum esse exīstimābat, agmen subsequī iussit

Aciē triplicī īnstitūtā et celeriter octō mīlium itinere 14 cōnfectō, prius ad hostium castra pervēnit quam quid

2 agerētur Germānī sentīre possent. Quī omnibus rēbus
subitō perterritī, et celeritāte adventūs nostrī et discessū
suōrum, neque cōnsiliī habendī neque arma capiendī
spatiō datō, perturbantur, cōpiāsne adversus hostem
dūcere an castra dēfendere an fugā salūtem petere prae-
3 stāret? Quōrum timor cum fremitū et concursū signi-
ficārētur, mīlitēs nostrī, prīstinī diēī perfidiā incitātī, in
4 castra irrūpērunt. Quō locō quī celeriter arma capere
potuērunt paulisper nostrīs restitērunt atque inter carrōs
5 impedīmentaque proelium commīsērunt; at reliqua
multitūdō puerōrum mulierumque (nam cum omnibus
suīs domō excesserant Rhēnumque trānsierant) passim
fugere coepit; ad quōs cōnsectandōs Caesar equitātum
mīsit.

15 Germānī, post tergum clāmōre audītō, cum suōs interficī vidērent, armīs abiectīs signīsque mīlitāribus relictīs
2 sē ex castrīs ēiēcērunt; et cum ad cōnfluentem Mosae et
Rhēnī pervēnissent, reliquā fugā dēspērātā, magnō
numerō interfectō, reliquī sē in flūmen praecipitāvērunt
atque ibi timōre, lassitūdine, vī flūminis oppressī per-
iērunt.

3 Nostrī ad ūnum omnēs incolumēs, perpaucīs vulnerātīs,
ex tantī bellī timōre – cum hostium numerus capitum
4 CCCCXXX mīlium fuisset – sē in castra recēpērunt. Caesar
eīs quōs in castrīs retinuerat discēdendī potestātem fēcit.
5 Illī supplicia cruciātūsque Gallōrum veritī, quōrum agrōs
vāstāverant, 'remanēre sē apud eum velle' dīxērunt. Hīs
Caesar lībertātem concessit.

celeritās -ātis *f* < celer

perturbantur, -ne.. an... prae-
stāret? = perturbātī dubitant
praestāretne... an... an...?
prae-stat = melius est
fremitus -ūs *m* (< fremere)
= sonus perturbātus
prīstinus diēs ↔ posterus diēs
in-citāre = animum excitāre
(ad īram), īrātum facere
ir-rumpere < in + rumpere
(↔ ē-rumpere)

passim = ubīque, in omnēs
partēs
cōn-sectārī = ācriter cōn-
sequī/persequī

sē ē-icere = subitō excurrere
cōn-fluēns -entis *m* = locus quō
fluviī *cōn-fluunt:* alter in
alterum īnfluit

praecipitāre (< prae + caput)
= prōicere (capite prīmō)
lassitūdō -inis *f* < *lassus* -a -um
= fessus

ad ūnum omnēs = omnīnō
omnēs

CCCCXXX : quadringentōrum
trīgintā

cruciātus -ūs *m* < cruciāre

"apud *tē* remanēre vol*umus*"

con-cēdere = dōnāre (quod
postulātur)

in-icere -iō -iēcisse -iectum
(+ *dat*) < in + iacere

im-pellere -pulisse -pulsum

suīs rēbus (*dat*) : suae salūtis
causā

ad hoc accessit etiam (haec
causa:) quod...
suprā: cap. 9.3
illa pars............. sē... recēperat
-*īsse* = -*iisse*

inter-esse + *dat:* proeliō i. = in
proeliō (inter proelium) adesse

quī (: *ut*) postulārent *ut*...
"dēd*ite mihi* eōs quī *mihi* Galliaeque bellum intul*ērunt*"
dē-dere -didisse -ditum = trādere (in manūs hostium)
imperium fīnīre = imperiī fīnis
  esse
aequum = iūstum
"sī *tē* invītō Germānōs in Galliam trānsīre nōn aequum exīstim*ās*, cūr *tuī* quicquam esse
  imperiī aut potestātis trāns
  Rhēnum postul*ās?* "
Trāns-rhēnānī -ōrum *m pl:* quī
  trāns Rhēnum incolunt

"*nōbīs* auxilium *fer,* quod graviter ab Suēbīs prem*imur*"
occupātiō -ōnis *f* < occupātus
  = quī negōtiīs tenētur
"sī id facere... prohibē*ris,* exercitum modo Rhēnum trāns-
  port*ā;* id *nōbīs*... satis *erit*"
trāns-portāre = trādūcere
reliquum tempus = futūrum t.
opīniō -ōnis *f* =quod exīstimātur,
  fāma (< *opīnārī* = exīstimāre)
"*tantum est* nōmen atque opīniō
tuī exercitūs .... utī opīniōne
  et amīcitiā populī Rōmānī tūtī
  esse poss*īmus*"

[*Caesar Rhēnum trānsit, ut Germānīs metum iniciat*]

Germānicō bellō cōnfectō, multīs dē causīs Caesar 16
statuit sibi Rhēnum esse trānseundum – quārum illa fuit
iūstissima quod, cum vidēret Germānōs tam facile im-
pellī ut in Galliam venīrent, suīs quoque rēbus eōs timēre
voluit, cum intellegerent et posse et audēre populī
Rōmānī exercitum Rhēnum trānsīre.

Accessit etiam quod illa pars equitātūs Ūsipetum et 2
Tencterōrum quam suprā commemorāvī 'praedandī
frūmentandīque causā Mosam trānsīsse neque proeliō
interfuisse', post fugam suōrum sē trāns Rhēnum in fīnēs
Sugambrōrum recēperat sēque cum eīs coniūnxerat. Ad 3
quōs cum Caesar nūntiōs mīsisset quī postulārent 'eōs
quī sibi Galliaeque bellum intulissent sibi dēderent',
respondērunt: 'populī Rōmānī imperium Rhēnum fīnīre: 4
sī sē invītō Germānōs in Galliam trānsīre nōn aequum
exīstimāret, cūr suī quicquam esse imperiī aut potestātis
trāns Rhēnum postulāret?'

Ūbiī autem, quī ūnī ex Trānsrhēnānīs ad Caesarem 5
lēgātōs mīserant, amīcitiam fēcerant, obsidēs dederant,
magnopere ōrābant 'ut sibi auxilium ferret, quod graviter
ab Suēbīs premerentur; vel, sī id facere occupātiōnibus 6
reī pūblicae prohibērētur, exercitum modo Rhēnum trāns-
portāret: id sibi ad auxilium spemque reliquī temporis
satis futūrum. Tantum esse nōmen atque opīniōnem eius 7
exercitūs, Ariovistō pulsō et hōc novissimō proeliō factō,
etiam ad ultimās Germānōrum nātiōnēs, utī opīniōne et
amīcitiā populī Rōmānī tūtī esse possint'. Nāvium mag- 8

nam cōpiam ad trānsportandum exercitum pollicēbantur.

17 Caesar hīs dē causīs quās commemorāvī Rhēnum trānsīre dēcrēverat, sed nāvibus trānsīre neque satis tūtum esse
arbitrābātur neque suae neque populī Rōmānī dignitātis
2 esse statuēbat. Itaque, etsī summa difficultās faciendī
pontis prōpōnēbātur propter lātitūdinem, rapiditātem alti-
tūdinemque flūminis, tamen id sibi contendendum, aut
aliter nōn trānsportandum exercitum, exīstimābat. ....

18 Diēbus decem quibus māteria coepta erat comportārī,
2 omnī opere effectō, exercitus trādūcitur. Caesar, ad
utramque partem pontis firmō praesidiō relictō, in fīnēs
Sugambrōrum contendit.

3 Interim ā complūribus cīvitātibus ad eum lēgātī veniunt,
quibus pācem atque amīcitiam petentibus līberāliter
respondit obsidēsque ad sē addūcī iubet.

4 Sugambrī ex eō tempore quō pōns īnstituī coeptus est,
fugā comparātā, hortantibus eīs quōs ex Tencterīs atque
Ūsipetibus apud sē habēbant, fīnibus suīs excesserant
suaque omnia exportāverant sēque in sōlitūdinem ac
silvās abdiderant.

19 Caesar paucōs diēs in eōrum fīnibus morātus, omnibus
vīcīs aedificiīsque incēnsīs frūmentīsque succīsīs, sē in
fīnēs Ūbiōrum recēpit atque eīs auxilium suum pollicitus,
2 'sī ab Suēbīs premerentur', haec ab eīs cognōvit:
'Suēbōs, posteāquam per explōrātōrēs pontem fierī
comperissent, mōre suō conciliō habitō, nūntiōs in omnēs
partēs dīmīsisse 'utī dē oppidīs dēmigrārent, līberōs,
uxōrēs suaque omnia in silvīs dēpōnerent, atque omnēs

dē-cernere -crēvisse -crētum
($+\bar{\imath}nf$) = cōnstituere
dignitās -ātis f < dignus; meae
dignitātis est = mē dignum est
difficultās -ātis f < difficilis;
summa d. = māxima d.
prō-pōnere (: ostendere)
rapiditās -ātis f < rapidus
contendere = valdē cōnārī, cūrāre ut efficiātur aliquid; contendendum *esse*
(diēbus X) quibus : postquam
com-portāre = cōn-ferre
coepta erat comportārī = coe-
perat comportārī

firmus -a -um = validus et
cōnstāns

līberālis -e (< līber) = dignus
homine līberō, hūmānus

in-stituere = (parātum) facere
īnstituī coeptus est = īnstituī
(fierī) coepit

ē fīnibus suīs excesserant
ex-portāre
sōlitūdō -inis f < sōlus
: sēque sōlōs in silvās abdiderant

suc-cīdere -disse -sum (< sub
+ caedere) = ab īnferiōre
parte caedere

"sī ab Suēbīs prem*iminī*"

posteā-quam = postquam

concilium -ī n = populus con-
vocātus
dī-mittere (< dis- + mittere)
= in variās partēs mittere
dē-pōnere = pōnere (in tūtō
locō, servandī causā)

31

qui arma ferre possent ūnum in locum convenīrent': hunc 3
esse dēlēctum medium ferē regiōnum eārum quās Suēbī
obtinērent; hīc Rōmānōrum adventum exspectāre atque
ibi dēcertāre cōnstituisse'.

Quod ubi Caesar comperit, omnibus rēbus eīs cōnfectīs 4
quārum rērum causā trādūcere exercitum cōnstituerat
– ut Germānīs metum iniceret, ut Sugambrōs ulcīscerē-
tur, ut Ūbiōs obsidiōne līberāret – diēbus omnīnō decem
et octō trāns Rhēnum cōnsūmptīs, satis et ad laudem et ad
ūtilitātem prōfectum arbitrātus, sē in Galliam recēpit
pontemque rescidit.

[*Caesar, nāvibus parātīs, in Britanniam trāicit*]

Exiguā parte aestātis reliquā Caesar, etsī in hīs locīs, **20**
quod omnis Gallia ad septentriōnēs vergit, mātūrae sunt
hiemēs, tamen in Britanniam proficīscī contendit, quod
omnibus ferē Gallicīs bellīs hostibus nostrīs inde subministrāta auxilia intellegēbat, et, sī tempus annī ad 2
bellum gerendum dēficeret, tamen magnō sibi ūsuī fore
arbitrābātur, sī modo īnsulam adīsset et genus hominum
perspexisset, loca, portūs, aditūs cognōvisset – quae
omnia ferē Gallīs erant incognita. Neque enim temere 3
praeter mercātōrēs illō adit quisquam, neque eīs ipsīs
quicquam praeter ōram maritimam atque eās regiōnēs
quae sunt contrā Galliās nōtum est. Itaque vocātīs ad sē 4
undique mercātōribus, neque quanta esset īnsulae magnitūdō, neque quae aut quantae nātiōnēs incolerent, neque
quem ūsum bellī habērent aut quibus īnstitūtīs ūterentur,

Margin glosses:

hīc *eōs* (*Suēbōs*) ... cōnstituisse

dē-certāre = certāre ūsque ad
  fīnem

aliquem ulcīscī = ulcīscī iniūriam quam aliquis fēcit
obsidiō -ōnis *f* < *ob-sidēre*
  = exercitū circumdare
decem et octō = duodēvīgintī

ūtilitās -ātis *f* < ūtilis
prō-ficere -iō -fēcisse -fectum
  = efficere (quod prōsit)
re-scindere -scidisse -scissum

trā-icere = trānsīre

vergere = versus esse
mātūrus -a -um = quī ante
  tempus venit

sub-ministrāre = offerre, ap-
  portāre; subministrāta *esse*

dē-ficere = parum esse
ūsuī esse = ūtile esse
(Caesar: "magnō *mihi* ūsuī *erit*,
  sī modo īnsulam adi*erō*...")
per-spicere -iō -exisse -ectum
  = aspicere cognōscendī causā
in-cognitus -a -um = ignōtus
temere *adv* = temerāriō modō;
  nōn t. = nōn sine causā
illō *adv* = illūc, eō

Galliae (*pl*): Galliae partēs

neque quanta esset īnsulae magnitūdō reperīre poterat neque
  quae.....

neque quī essent ad māiōrum navium multitūdinem

21 idōneī portūs, reperīre poterat. Ad haec cognōscenda, prius quam perīculum faceret, idōneum esse arbitrātus C.

2 Volusēnum cum nāvī longā praemittit. Huic mandat 'ut explōrātīs omnibus rēbus ad sē quam prīmum revertātur'.

3 Ipse cum omnibus cōpiīs in Morinōs proficīscitur, quod

4 inde erat brevissimus in Britanniam trāiectus. Hūc nāvēs undique ex fīnitimīs regiōnibus et quam superiōre aestāte ad Veneticum bellum effēcerat classem iubet convenīre.

5 Interim, cōnsiliō eius cognitō et per mercātōrēs perlātō ad Britannōs, ā complūribus īnsulae cīvitātibus ad eum lēgātī veniunt, quī polliceantur obsidēs dare atque impe-

6 riō populī Rōmānī obtemperāre. Quibus audītīs, līberāli-ter pollicitus hortātusque ut in eā sentientiā permanērent,

7 eōs domum remittit et cum eīs ūnā Commium (quem ipse, Atrebatibus superātīs, rēgem ibi cōnstituerat, cuius et virtūtem et cōnsilium probābat et quem sibi fidēlem esse arbitrābātur cuiusque auctōritās in hīs regiōnibus

8 magnī habēbātur) mittit. Huic imperat quās possit adeat cīvitātēs hortēturque ut populī Rōmānī fidem sequantur 'sē'que 'celeriter eō ventūrum' nūntiet.

9 Volusēnus, perspectīs regiōnibus omnibus – quantum eī facultātis darī potuit quī navī ēgredī ac sē barbarīs com-mittere nōn audēret – quīntō diē ad Caesarem revertitur, quaeque ibi perspexisset renūntiat.

22 Dum in hīs locīs Caesar nāvium parandārum causā morātur, ex magnā parte Morinōrum ad eum lēgātī vēnē-runt quī sē dē superiōris temporis cōnsiliō excūsārent

---

quī portūs essent...

perīculum facere = experīrī
nāvī *abl* = nāve
mandāre = rem faciendam dare, imperāre
ex-plōrāre = quaerere quālis sit
quam prīmum : quam celerrimē

trā-iectus -ūs *m* < trā-icere

classem quam superiōre (= pri-ōre) aestāte... effēcerat
Veneticus -a -um < Venetī; cum iis Caesar priōre annō bellum nāvāle gesserat (vidē pāg. 5)
per-ferre -tulisse -lātum

(lēgātī vēniunt) quī + *coni* = ut
: 'sē obsidēs datūrōs atque ... obtemperātūrōs esse'
ob-temperāre + *dat* = pārēre

per-manēre

ūnā cum eīs Commium... mittit

Atrebatēs -um *m pl*

cōnsilium = mēns bonī cōnsiliī

(magnī) habēre = aestimāre

imperat *ut* adeat cīvitātēs quās possit *eās*que hortētur...
alicuius fidem sequī = alicui fīdus esse, alicui pārēre
'sē' (: Caesarem) celeriter eō ventūrum *esse*'
tantum facultātis quantum eī darī potuit quī (: cum) *ē* nāve ēgredī... nōn audēret

Morinī priōre annō bellum populō Rōmānō fēcerant
superior -ius (tempus) = prior

33

im-perītus -a -um ↔ perītus
"quod hominēs barbarī et *vestrae*
cōnsuētūdinis imperītī bellum
populō Rōmānō *fēcimus*"
"ea quae imperā*veris* faci*ēmus*"

neque facultātem bellī gerendī
 habēbat
tantulus -a -um = tam parvus

ante-pōnere (+ *dat*)

in fidem recipere = in dēditiōnem recipere
onerārius -a -um < *onus* -eris *n*
 = id quod portātur/vehitur
cōgere = eōdem agere
con-trahere = eōdem trahere

id quod nāvium habēbat = eās
 nāvēs quās habēbat
dis-tribuere -uisse -ūtum (+ *dat*)
 = suam cuique partem dare
accēdēbant = addēbantur
(ab) mīlibus passuum octō
quō-minus + *coni* = nē (ut nē)
tenēbantur : prohibēbantur (in
 eundem portum venīre)

exercitum... dūcendum (*gerun-*
dīvum) dedit = exercitum dedit quī... dūcerētur

nancīscī nactum = habēre incipere, cōnsequī (rem bonam)
tempestās = caelum (: sōl, nūbēs, ventī, imbrēs, tonitrūs...)
nāvēs solvit (: profectus est)

tardius *comp adv* = nimis tardē
ad-ministrāre = agere (suum negōtium); ā quibus cum... admi-
nistrātum esset = quī cum... ad-
ministrāvissent

'quod hominēs barbarī et nostrae cōnsuētūdinis imperītī bellum populō Rōmānō fēcissent', 'sē'que 'ea quae imperāvisset factūrōs' pollicērentur. Hoc sibi Caesar satis 2 opportūnē accidisse arbitrātus – quod neque post tergum hostem relinquere volēbat neque bellī gerendī propter annī tempus facultātem habēbat neque hās tantulārum rērum occupātiōnēs Britanniae antepōnendās iūdicābat – magnum eīs numerum obsidum imperat. Quibus adductīs, eōs in fidem recēpit.

Nāvibus circiter LXXX onerāriīs coāctīs contractīsque, 3 quod satis esse ad duās trānsportandās legiōnēs exīstimābat, quod praetereā nāvium longārum habēbat quaestōrī, lēgātīs, praefectīsque distribuit. Hūc accēdēbant XVIII 4 onerāriae nāvēs, quae ex eō locō ab mīlibus passuum octō ventō tenēbantur, quōminus in eundem portum venīre possent; hās equitibus distribuit.

Reliquum exercitum Q. Titūriō Sabīnō et L. Auruncu- 5 lēiō Cottae lēgātīs in Menapiōs atque in eōs pāgōs Morinōrum ab quibus ad eum lēgatī nōn vēnerant dūcendum dedit. P. Sulpicium Rūfum lēgātum cum eō praesidiō 6 quod satis esse arbitrābātur portum tenēre iussit.

Hīs cōnstitūtīs rēbus, nactus idōneam ad nāvigandum 23 tempestātem, tertiā ferē vigiliā solvit equitēsque in ulteriōrem portum prōgredī et nāvēs cōnscendere et sē sequī iussit. Ā quibus cum paulō tardius esset ad- 2 ministrātum, ipse hōrā circiter diēī quārtā cum prīmīs nāvibus Britanniam attigit – atque ibi in omnibus collibus expositās hostium cōpiās armātās cōnspexit!

3 Cuius locī haec erat nātūra atque ita montibus angustīs mare continēbātur, utī ex locīs superiōribus in lītus tēlum

4 adigī posset. Hunc ad ēgrediendum nēquāquam idōneum locum arbitrātus, dum reliquae nāvēs eō convenīrent, ad hōram nōnam in ancorīs exspectāvit.

5 Interim, lēgātīs tribūnīsque mīlitum convocātīs, et quae ex Volusēnō cognōsset et quae fierī vellet, ostendit, monuitque – ut reī mīlitāris ratiō, māximē ut maritimae rēs postulārent, ut quae celerem atque īnstabilem mōtum habērent – 'ad nūtum et ad tempus omnēs rēs ab eīs administrārentur'.

6 Hīs dīmissīs, et ventum et aestum ūnō tempore nactus secundum, datō signō et sublātīs ancorīs, circiter mīlia passuum septem ab eō locō prōgressus, apertō ac plānō lītore nāvēs cōnstituit.

[Britannī Rōmānōs ēgredī prohibēre cōnantur]

24 At barbarī, cōnsiliō Rōmānōrum cognitō praemissō equitātū et essedāriīs (quō plērumque genere in proeliīs ūtī cōnsuērunt), reliquīs cōpiīs subsecūtī nostrōs nāvibus ēgredī prohibēbant.

2 Erat ob hās causās summa difficultās: quod nāvēs propter magnitūdinem nisi in altō cōnstituī nōn poterant, mīlitibus autem, ignōtīs locīs, impedītīs manibus, magnō et gravī onere armōrum oppressīs simul et dē nāvibus dēsiliendum et in flūctibus cōnsistendum et cum hostibus

3 erat pugnandum, cum illī aut ex āridō aut paulum in aquam prōgressī, omnibus membrīs expedītīs, nōtissimīs

---

montibus angustīs mare continēbātur : inter montēs et mare angustum erat spatium
ad-igere -ēgisse -āctum < ad + agere; (tēlum) adigere = iacere
nē-quā-quam = nūllō modō
ancora
-ae *f*

in ancorīs : ancorīs iactīs
tribūnus -ī *m:* tribūnī mīlitum sēnī cuique legiōnī praesunt
cognōsset = cognō*vi*sset
monuitque ... *ut* ad nūtum... omnēs rēs ab eīs administrārentur
ut quae : quoniam, cum
īn-stabilis ↔ *stabilis* -e = cōnstāns
mōtus -ūs *m* < movēre
nūtus -ūs *m* = mōtus capitis: signum agendī; ad nūtum : prōtinus, sine morā
administrāre = agere, cūrāre
aestus -ūs *m* = mōtus aquae

ancoram tollere ↔ a. iacere
plānus -a -um = sine montibus
in apertō ac plānō lītore
cōnstituere = collocāre

essedārius

essedum

essedārius -ī *m* = mīles quī ex *essedō* pugnat; essedum -ī *n* = currus mīlitāris
cōnsuērunt = -ēvērunt = solent
prohibēbant : prohibēre cōnābantur

onus -eris *n* = id quod portātur
mīlitibus... dēsiliendum/cōnsistendum/pugnandum erat = mīlitibus necesse erat dēsilīre/cōnsistere/pugnāre
āridus -a -um = siccus;
n = locus āridus
expedītus ↔ impedītus

35

audācter *adv* = audāciter
īn-suēfacere = assuēfacere

alacritās -ātis *f* < *alacer* -cris -cre
= ācer et studiōsus
pedester -tris -tre < pedes
cōnsuērant = -ēverant = solēbant

speciēs -ēī *f* = fōrma spectāta
in-ūsitātus -a -um = novus et
parum nōtus

funda
-ae *f*

figūra -ae *f* = fōrma

cōn-sistere -stitisse

cūnctārī = dubitāns morārī

is quī... aquilam ferēbat
con-testārī = (deōs) testēs facere, dīs testibus precārī
ē-venīre = accidere

prō-dere -didisse -ditum = in
hostium manūs trādere
prae-stāre -stitisse; praestiterō
fut perf : iam praestābō (meum
officium)

dēdecus -oris *n* = rēs indigna
(↔ *decus* -oris *n* < decēre)
admittere = permittere
: hōs cum iī quī in proximīs nāvibus erant cōnspexissent...

-ārunt = -āvērunt

nostrī tamen .... magnopere
perturbābantur
fīrmiter (= fīrmē) *adv* < fīrmus
īn-sistere = stāre (incipere)
alius ex aliā nāve *alius ex aliā*
: ex suā quisque nāve

locīs, audācter tēla conicerent et equōs īnsuēfactōs incitā-
rent. Quibus rēbus nostrī perterritī atque huius omnīnō 4
generis pugnae imperītī, nōn eādem alacritāte ac studiō
quō in pedestribus ūtī proeliīs consuērant ūtēbantur.

Quod ubi Caesar animadvertit, nāvēs longās (quārum et 25
speciēs erat barbarīs inūsitātior et mōtus ad ūsum ex-
pedītior) paulum removērī ab onerāriīs nāvibus et rēmīs
incitārī et ad latus apertum hostium cōnstituī atque inde
fundīs, sagittīs, tormentīs hostēs prōpellī ac submovērī
iussit. Quae rēs magnō ūsuī nostrīs fuit,
nam et nāvium figūrā et rēmōrum mōtū ⎯⎯ 2
et inūsitātō genere tormentōrum permōtī
barbarī cōnstitērunt ac paulum modo
pedem rettulērunt.   tormentum -ī *n*

Atque nostrīs mīlitibus cūnctantibus, māximē propter 3
altitūdinem maris, quī decimae legiōnis aquilam ferēbat,
contestātus deōs 'ut ea rēs legiōnī fēlīciter ēvenīret',
"Dēsilīte" inquit, "mīlitēs! nisi vultis aquilam hostibus
prōdere. Ego certē meum reī pūblicae atque imperātōrī
officium praestiterō!" Hoc cum vōce magnā dīxisset, sē 4
ex nāvī prōiēcit atque in hostēs aquilam ferre coepit. Tum 5
nostrī, cohortātī inter sē 'nē tantum dēdecus admitterē-
tur!' ūniversī ex nāvī dēsiluērunt. Hōs item ex proximīs 6
nāvibus cum cōnspexissent, subsecūtī hostibus appropin-
quārunt.

Pugnātum est ab utrīsque ācriter. Nostrī tamen, quod 26
neque ōrdinēs servāre neque fīrmiter īnsistere neque
signa subsequī poterant, atque alius aliā ex nāvī quibus-

cumque signīs occurrerat sē aggregābat, magnopere per-

2 turbābantur. Hostēs vērō, nōtīs omnibus vadīs, ubi ex lītore aliquōs singulārēs ex nāvī ēgredientēs cōnspexe-

3 rant, incitātīs equīs impedītōs adoriēbantur, plūrēs paucōs circumsistēbant, aliī ab latere apertō in ūniversōs tēla coniciēbant.

4 Quod cum animadvertisset Caesar, scaphās longārum nāvium, item speculātōria nāvigia mīlitibus complērī iussit et, quōs labōrantēs cōnspexerat, hīs subsidia submittēbat.

5 Nostrī, simul in āridō cōnstitērunt, suīs omnibus cōnsecūtīs, in hostēs impetum fēcērunt atque eōs in fugam dedērunt; neque longius prōsequī potuērunt, quod equitēs cursum tenēre atque īnsulam capere nōn potuerant. Hoc ūnum ad prīstinam fortūnam Caesarī dēfuit.

27 Hostēs proeliō superātī, simul atque sē ex fugā recēpērunt, statim ad Caesarem lēgātōs dē pāce mīsērunt: 'obsidēs datūrōs quaeque imperāsset sēsē factūrōs' pollicitī sunt.

2 Ūnā cum hīs lēgātīs Commius Atrebas vēnit, quem suprā dēmōnstrāveram 'ā Caesare in Britanniam praemis-

3 sum'. Hunc illī ē nāvī ēgressum, cum ad eōs ōrātōris modō Caesaris mandāta dēferret, comprehenderant atque

4 in vincula coniēcerant – tum, proeliō factō, remīsērunt. In petendā pāce eius reī culpam in multitūdinem coniēcērunt et 'propter imprūdentiam ut ignōscerētur' petīvērunt.

5 Caesar questus quod, cum ultrō in continentem lēgātīs missīs pācem ab sē petīssent, bellum sine causā

---

quī- quae- quod-cumque = quisquis, quīvīs (omnis) quī
ag-gregāre = adiungere (gregī)

singulāris -e < singulī (singulārēs : singulōs)
ad-orīrī -ortum = aggredī, oppugnāre

scapha
-ae f

speculātōrius -a -um < speculātor -ōris m = explōrātor
nāvigium -ī n = nāvis
labōrāre = in difficultāte esse
subsidium -ī n = auxilium
sub-mittere = mittere (adiūtum)

simul atque... cōnstitērunt
cōn-sequī = sequī
in fugam dare = in fugam vertere
prō-sequī = persequī
equitēs : nāvēs equitum
īnsulam capere : ad īnsulam pervenīre

sē re-cipere = animum cōnfīrmāre (ex timōre)
"obsidēs dabimus quaeque (= et quae) imperāveris faciēmus"
sē datūrōs/factūrōs esse
-āsset = -āvisset

Atrebatēs, sg Atrebas -atis m

suprā: cap. 21.7
praemissum esse
ōrātor -ōris m (< ōrāre) = lēgātus
mandātum -ī n = imperium
cum dē-ferret = etsī dē-ferēbat
com-prehendere = vī capere
vinculum -ī n (< vincīre) = catēna
culpa -ae f = causa accūsandī
(eius reī : eius maleficiī)
imprūdentia -ae f < im-prūdēns
ut sibi ignōscerētur (ā Caesare)
: ut sibi Caesar ignōsceret
querī questum; questus : querēns
(terra) continēns -entis f (abl -ī)
↔ īnsula

sē ignōscere imprūdentiae (: iīs propter imprūdentiam)

longinquus -a -um ↔propinquus
accersere -īvisse -ītum = arcessere
sēsē datūrōs *esse*

com-mendāre (< -mandāre) = servandum/tuendum trādere

af-flīgere -xisse -ctum =perdere pulsandō, iactandō frangere
post diem quārtum quam = quārtō diē postquam
ventum est (ab eīs) = vēnērunt suprā: cap. 22.4
tollere (in nāvem)

solvērunt = profectae sunt

co-orīrī -ortum = orīrī

eōdem = in eundem locum

occāsus -ūs *m* < occidere; sōlis
occāsus : occidēns
suī *gen* = dē sē

necessāriō *adv*
adversus -a -um *part* < ad-vertere; a.ā nocte = prīmā nocte
prō-vehere

cōnsuēvit = solet

funis
-is *m*

(nāvēs) sub-dūcere : ē marī in lītus dūcere
dē-ligāre = vincīre

afflīctāre = valdē afflīgere

auxiliārī = auxilium ferre

armāmenta -ōrum *n pl:* īnstrūmenta nāvis

intulissent, 'ignōscere imprūdentiae' dīxit, obsidēsque imperāvit; quōrum illī partem statim dedērunt, partem 'ex 6 longinquiōribus locīs accersītam paucīs diēbus sēsē datūrōs' dīxērunt. Intereā suōs remigrāre in agrōs iussērunt, 7 prīncipēsque undique convenīre et sē cīvitātēsque Caesarī commendāre coepērunt.

[*Nāvēs Rōmānōrum tempestāte afflīguntur*]

Hīs rēbus pāce cōnfirmātā, post diem quārtum quam est 28 in Britanniam ventum, nāvēs XVIII, dē quibus suprā dēmōnstrātum est, quae equitēs sustulerant, ex superiōre portū lēnī ventō solvērunt. Quae cum appropinquārent 2 Britanniae et ex castrīs vidērentur, tanta tempestās subitō coorta est ut nūlla eārum cursum tenēre posset, sed aliae eōdem unde erant profectae referrentur, aliae ad īnferiōrem partem īnsulae, quae est propius sōlis occāsum, magnō suī cum perīculō dēicerentur; quae tamen, ancorīs 3 iactīs, cum flūctibus complērentur, necessāriō adversā nocte in altum prōvectae, continentem petiērunt.

Eādem nocte accidit ut esset lūna plēna, quī diēs mari- 29 timōs aestūs māximōs in Ōceanō efficere cōnsuēvit, nostrīsque id erat incognitum. Ita ūnō tempore et longās 2 nāvēs, quibus Caesar exercitum trānsportandum cūrāverat quāsque in āridum subdūxerat, aestus complēverat, et onerāriās, quae ad ancorās erant dēligātae, tempestās afflīctābat, neque ūlla nostrīs facultās aut administrandī aut auxiliandī dabātur. Complūribus nāvibus frāctīs, 3 reliquae cum essent, fūnibus, ancorīs, reliquīsque armāmentīs āmissīs, ad nāvigandum inūtilēs, magna – id quod necesse erat accidere – tōtīus exercitūs perturbātiō facta

4 est. Neque enim nāvēs erant aliae quibus reportārī possent, et omnia deerant quae ad reficiendās nāvēs erant ūsuī, et, quod omnibus cōnstābat hiemāre in Galliā oportēre, frūmentum hīs in locīs in hiemem prōvīsum nōn erat.

in-ūtilis -e ↔ ūtilis
perturbātiō -ōnis f < perturbāre
re-portāre
re-ficere < re- + facere
ūsuī esse = ad ūsum (ūtendum) esse, necessārium esse
cōnstat + acc+ īnf = certum est; omnibus cōnstābat = omnēs prō certō habēbant/sciēbant
(rem) prō-vidēre = cūrāre ut rēs parētur, prae-parāre

[Britannī rebellant]

30 Quibus rēbus cognitīs, prīncipēs Britanniae, quī post proelium ad Caesarem convēnerant, inter sē collocūtī, cum equitēs et nāvēs et frūmentum Rōmānīs deesse intellegerent et paucitātem mīlitum ex castrōrum exiguitāte cognōscerent – quae hōc erant etiam angustiōra quod

2 sine impedīmentīs Caesar legiōnēs trānsportāverat – optimum factū esse dūxērunt, rebelliōne factā, frūmentō commeātūque nostrōs prohibēre et rem in hiemem prōdūcere, quod eīs superātīs aut reditū interclūsīs nēminem posteā bellī īnferendī causā in Britanniam trānsitūrum

3 cōnfīdēbant. Itaque, rūrsus coniūrātiōne factā, paulātim ex castrīs discēdere ac suōs clam ex agrīs dēdūcere coepērunt.

31 At Caesar, etsī nōndum eōrum cōnsilia cognōverat, tamen, et ex ēventū nāvium suārum et ex eō quod obsidēs dare intermīserant, fore id quod accidit suspicābātur.

2 Itaque ad omnēs cāsūs subsidia comparābat. Nam et frūmentum ex agrīs cotīdiē in castra cōnferēbat et, quae gravissimē afflīctae erant nāvēs, eārum māteriā atque

re-bellāre = bellum redintegrāre

paucitās -ātis f < paucī

rebelliō -ōnis f < re-bellāre
commeātus -ūs m = rēs quae advehuntur, rēs necessāriae
prō-dūcere = longiōrem facere
reditus -ūs m < red-īre

trānsitūrum *esse* cōnfīdēbant
(= crēdēbant)

dē-dūcere = ab-dūcere

ēventus -ūs m (< ē-venīre) = quod ēvenit, fortūna; ex -ū nāvium : (ex eō) quod nāvēs frāctae erant
Britannī intermīserant

cāsus -ūs m = quod accidit, ēventus, fortūna

māteriā (: lignō) eārum nāvium quae gravissimē afflīctae erant ... ūtēbātur

39

aes aeris *n: metallum* ex quō
assēs fīunt; metalla: ferrum
[*Fe*], aes [*Cu*], argentum
[*Ag*], aurum [*Au*]
ā mīlitibus administrārētur
= mīlitēs administrārent
effēcit ut reliquīs commodē
nāvigārī posset

ex cōnsuētūdine : ut fierī solēbat
neque ūllā bellī suspīciōne interpositā : cum intereā nūlla bellī
suspīciō fuisset
suspīciō -ōnis *f* < suspicārī
eī = iī
prō portīs = ante portās stantēs
statiō -ōnis *f* (< stāre) = praesidium, locus praesidiī
pulvis -eris *m* = terra sicca quae
ventō spargitur quasi nūbēs
in eā parte in quam (partem)...
id quod *factum* erat
aliquid novī cōnsiliī = aliquod
novum cōnsilium (ā barbarīs
initum *esse*)

succēdere = in locum alicuius
sequī
cōnfestim = statim

suōs *mīlitēs*

aegrē ↔ facile *adv*

dē-metere -messuisse -messum
= metere

dē-litēscere -tuisse = sē abdere
di-spergere -sisse -sum = passim spargere; *mīlitēs* dispersōs
... adortī (= aggressī)

per-equitāre (< eques) = equō
vehī (per locum)

aere ad reliquās reficiendās ūtēbātur, et quae ad eās rēs
erant ūsuī ex continentī comportārī iubēbat. Itaque, cum 3
summō studiō ā mīlitibus administrārētur, duodecim
nāvibus āmissīs, reliquīs ut nāvigārī commodē posset
effēcit.

Dum ea geruntur, legiōne ex cōnsuētūdine ūnā frūmen- **32**
tātum missā (quae appellābātur septima), neque ūllā ad id
tempus bellī suspīciōne interpositā, cum pars hominum in
agrīs remanēret, pars etiam in castra ventitāret, eī quī prō
portīs castrōrum in statiōne erant Caesarī nūntiāvērunt
'pulverem māiōrem quam cōnsuētūdō ferret in eā parte
vidērī quam in partem legiō iter fēcisset'. Caesar, id quod 2
erat suspicātus: aliquid novī ā barbarīs initum cōnsiliī,
cohortēs quae in statiōnibus erant sēcum in eam partem
proficīscī, ex reliquīs duās in statiōnem cohortēs suc-
cēdere, reliquās armārī et cōnfestim sēsē subsequī iussit.

Cum paulō longius ā castrīs prōcessisset, suōs ab 3
hostibus premī atque aegrē sustinēre et, cōnfertā legiōne,
ex omnibus partibus tēla conicī animadvertit. Nam quod, 4
omnī ex reliquīs partibus dēmessō frūmentō, pars ūna
erat reliqua, suspicātī hostēs hūc nostrōs esse ventūrōs,
noctū in silvīs dēlituerant, tum dispersōs, dēpositīs armīs 5
in metendō occupātōs subitō adortī, paucīs interfectīs reliquōs incertīs ōrdinibus perturbāverant, simul equitātū
atque essedīs circumdederant.

– Genus hoc est ex essedīs pugnae: Prīmō per omnēs **33**
partēs perequitant et tēla coniciunt atque ipsō terrōre
equōrum et strepitū rotārum ōrdinēs plērumque per-

turbant, et, cum sē inter equitum turmās īnsinuāvērunt, ex

2 essedīs dēsiliunt et pedibus proeliantur. Aurīgae interim paulātim ex proeliō excēdunt atque ita currūs collocant ut, sī illī ā multitūdine hostium premantur, expedītum ad

3 suōs receptum habeant. Ita mōbilitātem equitum, stabilitātem peditum in proeliīs praestant, ac tantum ūsū cotīdiānō et exercitātiōne efficiunt utī in dēclīvī ac praecipitī locō incitātōs equōs sustinēre et brevī moderārī ac flectere et per tēmōnem percurrere et in iugō īnsistere et sē inde in currūs citissimē recipere cōnsuērint. –

[Caesar Britannīs superātīs in continentem redit]

34 Quibus rēbus perturbātīs nostrīs novitāte pugnae, tempore opportūnissimō Caesar auxilium tulit: namque eius adventū hostēs cōnstitērunt, nostrī sē ex timōre recēpē-

2 runt. Quō factō, ad lacessendum et ad committendum proelium aliēnum esse tempus arbitrātus, suō sē locō continuit et, brevī tempore intermissō, in castra legiōnēs redūxit.

3 Dum haec geruntur, nostrīs omnibus occupātīs, quī erant in agrīs reliquī discessērunt.

4 Secūtae sunt continuōs complūrēs diēs tempestātēs quae et nostrōs in castrīs continērent et hostem ā pugnā prohibērent.

5 Interim barbarī nūntiōs in omnēs partēs dīmīsērunt paucitātemque nostrōrum mīlitum suīs praedicāvērunt et 'quanta praedae faciendae atque in perpetuum suī līberandī facultās darētur, sī Rōmānōs castrīs expulissent'

turma -ae *f* = parvus equitum numerus (xxx ferē)
īn-sinuāre = īnferre; sē ī. = vī intrāre
aurīga -ae *m* = quī currum regit

receptus -ūs *m* < (sē) recipere
mōbilitās -ātis *f* < mōbilis
stabilitās -ātis *f* ↔ mōbilitās (< stabilis -e ↔ mōbilis)

dēclīvis -e ↔ plānus; (locus) d. = paulum dēscendēns
praeceps -cipitis *adi* = arduus
moderārī = regere
citō *adv* = celeriter; *comp* citius, *sup* citissimē
cōnsuēverint = soleant

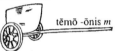

tēmō -ōnis *m*

novitās -ātis *f* < novus; novitāte pugnae : propter novitātem p.
Caesar nostrīs perturbātīs... auxilium tulit

(tempus) aliēnum ↔ idōneum

Britannī quī ...

continuus -a -um = sine inter-vāllō
tempestātēs quae... contin*ērent* = *tantae* tempestātēs *ut*... continērent

praedicāre = clārē dīcere
perpetuum -ī *n* : tempus p.
suī (*gen*) līberandī facultās = facultās *sē* līberandī
"... sī Rōmānōs *ē* castrīs ex-pul*erimus*"

41

peditātus -ūs *m* = peditum numerus

ante: cap. 21.7; 27.2-3

prō castrīs = ante castra

nostrī persecūtī
cursus -ūs *m* < currere; cursū
et vīribus = omnibus vīribus
currendō

duplicāre = bis tantō māiōrem
facere (< *du-plex* -icis *adi* =
bis tantus)
aequinoctium: a.d. VIII kal.Oct.
sub-icere + *dat:* nāvigātiōnem
hiemī subicere = nāvigandō
perīcula hiemis subīre

nōn ita magnus = certē nōn m.
suōrum *mīlitum*
nostrōs circum-stetērunt
"sī *vōs* interficī nōn *vultis,* arma
pōnite!"

dēmōnstrāvērunt. Hīs rēbus celeriter magnā multitūdine 6
peditātūs equitātūsque coāctā, ad castra vēnērunt.

Caesar, etsī idem quod superiōribus diēbus acciderat 35
fore vidēbat – ut, sī essent hostēs pulsī, celeritāte perīculum effugerent – tamen, nactus equitēs circiter XXX,
quōs Commius Atrebas, dē quō ante dictum est, sēcum
trānsportāverat, legiōnēs in aciē prō castrīs cōnstituit.
Commissō proeliō, diūtius nostrōrum mīlitum impetum 2
hostēs ferre nōn potuērunt, ac terga vertērunt. Quōs tantō 3
spatiō persecūtī quantum cursū et vīribus efficere potuērunt, complūrēs ex eīs occīdērunt, deinde omnibus longē
lātēque aedificiīs incēnsīs, sē in castra recēpērunt.

Eōdem diē lēgātī ab hostibus missī ad Caesarem dē 36
pāce vēnērunt. Hīs Caesar numerum obsidum quem ante 2
imperāverat duplicāvit eōsque in continentem addūcī
iussit, quod, propinquā diē aequinoctiī, īnfirmīs nāvibus
hiemī nāvigātiōnem subiciendam nōn exīstimāvit. Ipse 3
idōneam tempestātem nactus paulō post mediam noctem
nāvēs solvit, quae omnēs incolumēs ad continentem pervēnērunt; sed ex eīs onerāriae duae eōsdem quōs reliquī 4
portūs capere nōn potuērunt et paulō īnfrā dēlātae sunt.

[*Rebelliō Morinōrum*]

Quibus ex nāvibus cum essent expositī mīlitēs circiter 37
trecentī atque in castra contenderent, Morinī, quōs Caesar
in Britanniam proficīscēns pācātōs relīquerat, spē praedae
adductī prīmō nōn ita magnō suōrum numerō circumste-
tērunt ac 'sī sēsē interficī nōllent' arma pōnere iussērunt.

42

2 Cum illī, orbe factō, sēsé dēfenderent, celeriter ad clāmōrem hominum circiter mīlia sex convēnērunt. Quā rē nūntiātā, Caesar omnem ex castrīs equitātum suīs auxiliō mīsit.

3 Interim nostrī mīlitēs impetum hostium sustinuērunt atque amplius hōrīs quattuor fortissimē pugnāvērunt et, paucīs vulneribus acceptīs, complūrēs ex eīs occīdērunt.

4 Posteā vērō quam equitātus noster in cōnspectum vēnit, hostēs abiectīs armīs terga vertērunt magnusque eōrum numerus est occīsus.

38 Caesar posterō diē T. Labiēnum cum eīs legiōnibus quās ex Britanniā redūxerat in Morinōs quī rebelliōnem

2 fēcerant mīsit. Quī cum propter siccitātēs palūdum quō sē reciperent nōn habērent (quō superiōre annō perfugiō erant ūsī) omnēs ferē in potestātem Labiēnī pervēnērunt.

3 At Q. Titūrius et L. Cotta lēgātī, quī in Menapiōrum fīnēs legiōnēs dūxerant, omnibus eōrum agrīs vāstātīs, frūmentīs succīsīs, aedificiīs incēnsīs, quod Menapiī sē omnēs in dēnsissimās silvās abdiderant, sē ad Caesarem recēpērunt.

4 Caesar in Belgīs omnium legiōnum hīberna cōnstituit. Eō duae omnīnō cīvitātēs ex Britanniā obsidēs mīsērunt, reliquae neglēxērunt.

5 Hīs rēbus gestīs, ex litterīs Caesaris diērum vīgintī supplicātiō ā senātū dēcrēta est.

orbis -is *m:* exercitus in orbem īnstrūctus (ut undique sē dēfendat)

auxiliō (*dat*) = ad auxilium (venīre/mittere)

posteā... quam = posteāquam

siccitās -ātis *f* < siccus
palūs -ūdis *f* = locus ūmidus
quō sē reciperent : locum quō sē recipere poterat
perfugium -ī *n* = locus quō hominēs perfugiunt; quō perfugiō ... ūsī erant

dēnsus -a -um = cōnfertus

neglēxērunt : nōn fēcērunt

supplicātiō -ōnis *f* = diēs quō populus ad omnia templa dīs grātiās agit

Aduātucī -ōrum *m pl*
Ancalitēs -um *m pl*
Arduenna silva
Bellovacī -ōrum *m pl*
Bibrocī -ōrum *m pl*
Cantium -ī *n*
Carnūtēs -um *m pl*
Cassī -ōrum *m pl*
Cenimagnī -ōrum *m pl*
Esubiī -ōrum *m pl*
Itius portus
Meldī -ōrum *m pl*
Nerviī -ōrum *m pl*
Rēmī -ōrum *m pl*
Samarobrīva -ae *f,* oppidum
Segontiacī -ōrum *m pl*
Tamesis -is *m,* flūmen
Trīnobantēs -ium *m pl*

LIBER QVINTVS

[Classe comparātā Caesar iterum in Britanniam trāicit]

annō 54 a.C.

cōnsuēverat = solēbat

L. Domitiō Ap. Claudiō cōnsulibus, discēdēns ab hībernīs 1
Caesar in Italiam, ut quotannīs facere cōnsuērat, lēgātīs
imperat quōs legiōnibus praefēcerat utī quam plūrimās
possent hieme nāvēs aedificandās veterēsque reficiendās
cūrārent. Eārum modum fōrmamque dēmōnstrat:

onerāre = onere complēre
subductiō -ōnis *f* < subdūcere
eās facit paulō humiliōrēs quam
eae (*nāvēs*) quibus...
cōnsuēvimus = solēmus
crēber -bra -brum = frequēns
commūtātiō -ōnis *f* < com-
mūtāre

eās facit paulō lātiōrēs quam
eae quibus...

(nāvis) āctuāria = quae rēmīs
agitur; hās -ās imperat fierī
= imperat ut hae -ae fīant
humilitās -ātis *f* < humilis
(nāvem) armāre = armāmentīs
parāre
conventus -ūs *m* (< convenīre) =
diēs quō iūs inter cīvēs dīcitur
per-agere
Pirustae -ārum *m pl,* gēns Illy-
ricī

Ad celeritātem onerandī subductiōnēsque paulō facit 2
humiliōrēs quam quibus in nostrō marī ūtī cōnsuēvimus,
atque id eō magis quod propter crēbrās commūtātiōnēs
aestuum minus magnōs ibi flūctūs fierī cognōverat. Ad
onera ac multitūdinem iūmentōrum trānsportandam paulō
lātiōrēs quam quibus in reliquīs ūtimur maribus. Hās 3
omnēs āctuāriās imperat fierī, quam ad rem multum
humilitās adiuvat. Ea quae sunt ūsuī ad armandās nāvēs 4
ex Hispāniā apportārī iubet.

Ipse, conventibus Galliae citeriōris perāctīs, in Illyricum 5
proficīscitur, quod ā Pirustīs fīnitimam partem prōvinciae

6 incursiōnibus vāstārī audiēbat. Eō cum vēnisset, cīvitātibus mīlitēs imperat certumque in locum convenīre iubet.

7 Quā rē nūntiātā, Pirustae lēgātōs ad eum mittunt quī
doceant 'nihil eārum rērum pūblicō factum cōnsiliō';
'sēsē'que 'parātōs esse' dēmōnstrant 'omnibus ratiōnibus

8 dē iniūriīs satisfacere'. Perceptā ōrātiōne eōrum, Caesar
obsidēs imperat eōsque ad certam diem addūcī iubet;
'nisi ita fēcerint, sēsē bellō cīvitātem persecūtūrum' dē-

9 mōnstrat. Eīs ad diem adductīs, ut imperāverat, arbitrōs
inter cīvitātēs dat quī lītem aestiment poenamque cōn-
stituant.

2   Hīs cōnfectīs rēbus conventibusque perāctīs, in citeriō-
rem Galliam revertitur atque inde ad exercitum proficīs-

2 citur. Eō cum vēnisset, circuitīs omnibus hībernīs, singulārī mīlitum studiō in summā omnium rērum inopiā circiter sescentās eius generis cuius suprā dēmōnstrāvimus
nāvēs et longās XXVIII invēnit īnstrūctās neque multum
abesse ab eō quīn paucīs diēbus dēdūcī possint.

3   Collaudātīs mīlitibus atque eīs quī negōtiō praefuerant,
quid fierī velit ostendit atque omnēs ad portum Itium
convenīre iubet, quō ex portū commodissimum in Britanniam trāiectum esse cognōverat, circiter mīlium passuum
XXX trānsmissum ā continentī. Huic reī quod satis esse
vīsum est mīlitum relīquit.

4   Ipse cum legiōnibus expedītīs IIII et equitibus DCCC in
fīnēs Trēverōrum proficīscitur, quod hī neque ad concilia
veniēbant neque imperiō pārēbant Germānōsque Trāns-
rhēnānōs sollicitāre dīcēbantur.

---

incursiō -ōnis f < in-currere

pūblicō cōnsiliō factum esse

parātōs... satisfacere = parātōs
ad satisfaciendum
per-cipere -iō -cēpisse -ceptum
= audīre et cognōscere
C. iīs obsidēs imperat

"nisi ita fēceritis, bellō cīvitātem vestram persequar"
arbiter -trī m = quī iūdicat quid
aequum (iūstum) sit
līs lītis f = certāmen, id dē quō
certātur

circu-īre = circum-īre
singulāris -e = ēgregius

DC nāvēs eius generis cuius generis nāvēs suprā (cap. 1.2) d.
īnstruere = (omnī rē) parāre
nōn multum abest (ab eō) quīn
fierī possit = paene fierī potest
(nāvem) dēdūcere ↔ subdūcere

col-laudāre (< con-) = laudāre
(multōs)

trānsmissus -ūs m = trāiectus
(< trāns-mittere = trānsīre)
huic reī (: ad praesidium portūs)
relīquit quod mīlitum (: quot
mīlitēs) satis esse eī vīsum est
expedītus = parātus ad pugnam
IIII = IV

imperiō Caesaris pārēbant

sollicitāre = incitāre

valēre = validus esse

tangit : attingit
prīncipātus -ūs *m* = prīnceps
locus
Cingetorīx -īgis *m*
dē adventū cognitum est = adventus cognitus est
*"ego meī*que omnēs in officiō
erimus neque ab amīcitiā populī Rōmānī dē*ficiēmus"*
in officiō : Caesarī oboediēns
cōn-fīrmāre = affīrmāre

cōgere *īnstituit* (= coepit)

initium Rēmōrum : fīnis R.
(unde Rēmī incipiunt)

familiāritās -ātis *f* = amīcitia
(< *familiāris* -is *m* = amīcus)

prīvātim *adv* ↔ pūblicē
ab eō petere = eum (dē)precārī
cōnsulere + *dat* = prōdesse, cūram habēre dē, cūrāre; cīvitātī
c. : dē cīvitāte ab eō petere
lēgātōs mittit *quī dīcant* '.....'
idcircō = ideō
"idcircō ab *meīs* discēdere atque
ad *tē* venīre nōlu*ī* quō (: ut eō)
facilius ... continē*rem"*
plēbs -is *f* = populus (↔ nōbilitās)
lābī = prāvē facere, dēficere
"itaque *est* cīvit*ās* in *meā* potestāte et, sī permitt*īs*, ad *tē* in castra veni*am, meās* cīvitātisque
fortūnās *tuae* fideī permitt*am"*
rem fideī alicuius permittere =
rem alicui cōnfīdere/crēdere
(servandam dare)
: et quae rēs eum...
īnstitūtō cōnsiliō: vidē suprā
cap. 3.4

Haec cīvitās longē plūrimum tōtīus Galliae equitātū 3
valet magnāsque habet cōpiās peditum, Rhēnumque (ut
suprā dēmōnstrāvimus) tangit. In eā cīvitāte duō dē prīn- 2
cipātū inter sē contendēbant, Indutiomārus et Cingetorīx;
ē quibus alter, simulatque dē Caesaris legiōnumque ad- 3
ventū cognitum est, ad eum vēnit, 'sē suōsque omnēs in
officiō futūrōs neque ab amīcitiā populī Rōmānī dēfectū-
rōs' cōnfirmāvit, quaeque in Trēverīs gererentur ostendit.
At Indutiomārus equitātum peditātumque cōgere, eīsque 4
quī per aetātem in armīs esse nōn poterant in silvam
Arduennam abditīs (quae ingentī magnitūdine per mediōs
fīnēs Trēverōrum ā flūmine Rhēnō ad initium Rēmōrum
pertinet) bellum parāre īnstituit. Sed posteāquam nōnnūllī 5
prīncipēs ex eā cīvitāte – et familiāritāte Cingetorīgis adductī et adventū nostrī exercitūs perterritī – ad Caesarem
vēnērunt et dē suīs prīvātim rēbus ab eō petere coepērunt,
quoniam cīvitātī cōnsulere nōn possent, veritus nē ab
omnibus dēsererētur Indutiomārus lēgātōs ad Caesarem
mittit: 'sēsē idcircō ab suīs discēdere atque ad eum venīre 6
nōluisse quō facilius cīvitātem in officiō continēret, nē
omnis nōbilitātis discessū plēbs propter imprūdentiam
lāberētur; itaque esse cīvitātem in suā potestāte sēque, sī 7
Caesar permitteret, ad eum in castra ventūrum, suās
cīvitātisque fortūnās eius fideī permissūrum'.

Caesar, etsī intellegēbat quā dē causā ea dīcerentur 4
quaeque eum rēs ab īnstitūtō cōnsiliō dēterrēret, tamen,
nē aestātem in Trēverīs cōnsūmere cōgerētur omnibus ad
Britannicum bellum rēbus comparātīs, Indutiomārum ad

2 sē cum ducentīs obsidibus venīre iussit. Hīs adductīs – in eīs fīliō propinquīsque eius omnibus quōs nōminātim ēvocāverat – cōnsolātus Indutiomārum hortātusque est utī in officiō manēret. .....

propinquī -ōrum *m pl* = cōnsanguineī et amīcī
nōminātim *adv* = nōmine, singulīs nōminātīs

5 Hīs rēbus cōnstitūtīs, Caesar ad portum Itium cum
2 legiōnibus pervēnit. Ibi cognōscit LX nāvēs, quae in Meldīs factae erant, tempestāte reiectās cursum tenēre nōn potuisse atque eōdem unde erant profectae revertisse; reliquās parātās ad nāvigandum atque omnibus rēbus
3 īnstrūctās invēnit. Eōdem equitātus tōtīus Galliae convēnit, numerō mīlium quattuor, prīncipēsque ex omnibus
4 cīvitātibus. Ex quibus perpaucōs, quōrum in sē fidem perspexerat, relinquere in Galliā, reliquōs obsidum locō sēcum dūcere dēcrēverat, quod, cum ipse abesset, mōtum Galliae verēbātur. ....

īnstruere + *abl* = parātum facere, ōrnāre, armāre

obsidum locō : ut obsidēs

mōtus : rebelliō

8 Hīs rēbus gestīs, Labiēnō in continentī cum tribus legiōnibus et equitum mīlibus duōbus relictō, ut portūs tuērētur et rem frūmentāriam prōvidēret quaeque in Galliā gererentur cognōsceret cōnsiliumque prō tempore
2 et prō rē caperet, ipse cum quīnque legiōnibus et parī numerō equitum quem in continentī relīquerat, ad sōlis occāsum nāvēs solvit et lēnī Āfricō prōvectus, mediā circiter nocte ventō intermissō cursum nōn tenuit, et longius dēlātus aestū ortā lūce sub sinistrā Britanniam
3 relictam cōnspexit. Tum rūrsus aestūs commūtātiōnem secūtus rēmīs contendit ut eam partem īnsulae caperet quā optimum esse ēgressum superiōre aestāte cognōverat.
4 Quā in rē admodum fuit mīlitum virtūs laudanda, quī

prō tempore et prō rē = ut tempus et rēs postulāret
ipse : Caesar
parī numerō : eōdem numerō

Āfricus -ī *m* = ventus quī ab Āfricā (inter merīdiem et occidentem) flat

orīrī ortum; ortā lūce : ortō sōle, prīmā lūce

ēgressus -ūs *m* < ēgredī

ad-modum *adv* = valdē

47

vectōrius -a -um < vehere; nāvis
  vectōria = nāvis onerāria
ad-aequāre = aequus esse atque;
  cursum a. = aequē currere
accessum est : accessērunt
merīdianus -a -um < merīdiēs;
  merīdiānō tempore = merīdiē

manus -ūs *f* = numerus armātōrum, exercitus
annōtinus -a -um = ex priōre
  annō, priōre annō factus

praesidiō *dat* = ad praesidium

verērī +*dat:* verērī nāvibus =
  v. nē quid accidat nāvibus
mollis -e: lītus molle : molliter
  (: paulum) dēclīve

cum equitātū atque essedīs

nātūrā et opere : locō (arduō) et
  mūnītiōne (vāllō, fossā, cēt.)
domesticus -a -um < domus;
  bellum -um = b. inter cīvēs
prae-parāre = ante parāre
introitus -ūs *m* ↔ exitus
prae-clūdere -sisse -sum < prae
  + claudere
prō-pugnāre
in-gredī -gressum = intrāre

vectōriīs gravibusque nāvigiīs nōn intermissō rēmigandī labōre longārum nāvium cursum adaequārunt.

Accessum est ad Britanniam omnibus nāvibus merī- 5 diānō ferē tempore, neque in eō locō hostis est vīsus; sed, ut posteā Caesar ex captīvīs cognōvit, cum magnae 6 manūs eō convēnissent, multitūdine nāvium perterritae – quae cum annōtinīs prīvātīsque amplius octingentae ūnō erant vīsae tempore – ā lītore discesserant ac sē in superiōra loca abdiderant.

[*Castellō hostium captō, Caesar ad nāvēs afflīctās redit*]

Caesar, expositō exercitū et locō castrīs idōneō captō, 9 ubi ex captīvīs cognōvit quō in locō hostium cōpiae cōn- sēdissent, cohortibus decem ad mare relictīs et equitibus trecentīs quī praesidiō nāvibus essent, dē tertiā vigiliā ad hostēs contendit, eō minus veritus nāvibus quod in lītore mollī atque apertō dēligātās ad ancoram relinquēbat, et praesidiō nāvibus Q. Ātrium praefēcit.

Ipse noctū prōgressus mīlia passuum circiter XII 2 hostium cōpiās cōnspicātus est. Illī equitātū atque essedīs 3 ad flūmen prōgressī ex locō superiōre nostrōs prohibēre et proelium committere coepērunt. Repulsī ab equitātū sē 4 in silvās abdidērunt, locum nactī ēgregiē et nātūrā et opere mūnītum, quem domesticī bellī, ut vidēbātur, causā iam ante praeparāverant; nam crēbrīs arboribus succīsīs omnēs introitūs erant praeclūsī. Ipsī ex silvīs rārī 5 prōpugnābant nostrōsque intrā mūnītiōnēs ingredī pro- hibēbant.

48

6 At mīlitēs legiōnis septimae, testūdine
factā et aggere ad mūnītiōnēs adiectō,
locum cēpērunt eōsque ex silvīs ex-
7 pulērunt paucīs vulneribus acceptīs. Sed

testūdō

eōs fugientēs longius Caesar prōsequī vetuit, et quod locī
nātūram ignōrābat et quod, magnā parte diēī cōnsūmptā,
mūnītiōnī castrōrum tempus relinquī volēbat.

10 Postrīdiē eius diēī māne tripertītō mīlitēs equitēsque in
expedītiōnem mīsit, ut eōs quī fūgerant persequerentur.

2 Hīs aliquantum itineris prōgressīs, cum iam extrēmī
essent in prōspectū, equitēs ā Q. Ātriō ad Caesarem
vēnērunt quī nūntiārent 'superiōre nocte māximā coortā
tempestāte prope omnēs nāvēs afflīctās atque in lītore
ēiectās esse, quod neque ancorae fūnēsque subsisterent
neque nautae gubernātōrēsque vim tempestātis patī

3 possent; itaque ex eō concursū nāvium magnum esse
incommodum acceptum'.

11 Hīs rēbus cognitīs, Caesar legiōnēs equitātumue re-
vocārī atque in itinere resistere iubet, ipse ad nāvēs
2 revertitur. Eadem ferē quae ex nūntiīs litterīsque
cognōverat cōram perspicit, sīc ut āmissīs circiter XL
nāvibus reliquae tamen reficī posse magnō negōtiō
vidērentur.

3 Itaque ex legiōnibus fabrōs dēligit et ex continentī aliōs
4 arcessī iubet. Labiēnō scrībit 'ut quam plūrimās posset eīs
5 legiōnibus quae sunt apud eum nāvēs īnstituat'. Ipse, etsī
rēs erat multae operae ac labōris, tamen commodissimum
esse statuit omnēs nāvēs subdūcī et cum castrīs ūnā

---

testūdō -inis f = tēctum ē scūtīs
coniūnctīs factum
agger -is m = vāllum ē terrā
factum

testūdō
-inis f

vetāre -uisse -itum

relinquī : reliquum esse

tri-pertītus -a -um = in trēs
partēs dīvīsus; adv -ō
expedītiō -ōnis f = iter mīlitum
expedītōrum
extrēmus = postrēmus

prōspectus -ūs m < prōspicere;
in -ū = in cōnspectū (procul)

sub-sistere = fīrmē stāre, sustinēre

cōram adv = ante oculōs, praesēns
magnō negōtiō = magnō labōre

quam plūrimās nāvēs posset

īnstituere : facere incipere

rēs multī labōris = rēs labōriōsa
commodus -a -um = idōneus,
facilis

nocturnus -a -um < nox

praesidiō (*dat*) = ad praesidium

summa -ae *f* (↔ pars) = tōta rēs, cūnctum negōtium; s. imperiī = summum/tōtum imperium
Cassivellaunus -ī *m*, rēx Britannōrum

Tamesis -is *m, acc* -im

continēns -entis *adi* = continuus, nōn intermissus
inter-cēdere = intervenīre; huic cum reliquīs cīvitātibus bella intercesserant : inter hunc et reliquās cīvitātēs bella fuerant

interior -ius *comp* < intrā

memoriā prōdere = nārrāre (rēs antīquās ē memoriā)
Belgium -ī *n*, fīnēs Belgārum

ex quibus cīvitātibus ortī

in-fīnītus -a -um = sine fīne, māximus
cōn-similis -e = similis

tālea
-ae *f*

pondus -eris *n* = gravitās (onus grave magnum *pondus* habet)
exāmināre = pondus statuere, mētīrī (quam gravis rēs sit)
plumbum -ī *n*, metallum molle, vile; p. nigrum [*Pb*] gravissimum est; p. album [*St*] levius
mediterrāneus -a -um = situs in mediā terrā (↔ maritimus)

mūnītiōne coniungī. In hīs rēbus circiter diēs X cōnsūmit, 6 nē nocturnīs quidem temporibus ad labōrem mīlitum intermissīs. Subductīs nāvibus castrīsque ēgregiē mūnītīs, eās- 7 dem cōpiās, quās ante, praesidiō nāvibus relīquit.

Ipse eōdem unde redierat proficīscitur. Eō cum vēnis- 8 set, māiōrēs iam undique in eum locum cōpiae Britannōrum convēnerant, summā imperiī bellīque administrandī commūnī cōnsiliō permissā Cassivellaunō, cuius fīnēs ā maritimīs cīvitātibus flūmen dīvidit quod appellātur Tamesis, ā marī circiter mīlia passuum LXXX. Huic 9 superiōre tempore cum reliquīs cīvitātibus continentia bella intercesserant, sed nostrō adventū permōtī Britannī hunc tōtī bellō imperiōque praefēcerant.

[Dē Britanniā eiusque incolīs]

Britanniae pars interior ab eīs incolitur quōs nātōs in 12 īnsulā ipsī memoriā prōditum dīcunt, maritima pars ab eīs 2 quī praedae ac bellī īnferendī causā ex Belgiō trānsierant, quī omnēs ferē eīs nōminibus cīvitātum appellantur quibus ortī ex cīvitātibus eō pervēnērunt et bellō illātō ibi permānsērunt atque agrōs colere coepērunt.

Hominum est īnfīnīta multitūdō crēberrimaqe aedificia 3 ferē Gallicīs cōnsimilia; pecorum magnus numerus.

Ūtuntur aut aere aut nummō aureō aut tāleīs ferreīs 4 ad certum pondus exāminātīs prō nummō. Nāscitur ibi plumbum album in mediterrāneīs regiōnibus, in maritimīs ferrum, sed eius exigua est cōpia; aere ūtuntur importātō. Māteria cuiusque generis ut in Galliā est praeter 5

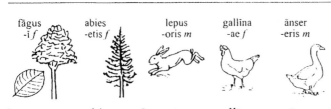

fāgus -ī f	abies -etis f	lepus -oris m	gallīna -ae f	ānser -eris m

fōrma triquetra ◁▷← angulus -ī m

6 fāgum atque abietem. Leporem et gallīnam et ānserem gustāre fās nōn putant; haec tamen alunt animī volup-
7 tātisque causā. Loca sunt temperātiōra quam in Galliā, remissiōribus frīgoribus.

13 Īnsula nātūrā triquetra, cuius ūnum latus est contrā Galliam. Huius lateris alter angulus, quī est ad Cantium, quō ferē omnēs ex Galliā nāvēs appelluntur, ad orientem sōlem, īnferior ad merīdiem spectat. Hoc pertinet circiter
2 mīlia passuum quīngenta. Alterum vergit ad Hispāniam atque occidentem sōlem; quā ex parte est Hibernia, dīmi-diō minor, ut exīstimātur, quam Britannia, sed parī spatiō
3 trānsmissūs atque ex Galliā est in Britanniam. In hōc mediō cursū est īnsula quae appellātur Mona; complūrēs praetereā minōrēs subiectae īnsulae exīstimantur, dē quibus īnsulīs nōnnūllī scrīpsērunt 'diēs continuōs XXX
4 sub brūmā esse noctem'. Nōs nihil dē eō percontātiōnibus reperiēbāmus, nisi certīs ex aquā mēnsūrīs breviōrēs esse
5 quam in continentī noctēs vidēbāmus. Huius est longi-tūdō lateris, ut fert illōrum opīniō, septingentōrum
6 mīlium. Tertium est contrā septentriōnēs, cui partī nūlla est obiecta terra; sed eius angulus lateris māximē ad Germāniam spectat. Hoc mīlia passuum octingenta in
7 longitūdinem esse exīstimātur. Ita omnis īnsula est in circuitū vīciēs centum mīlium passuum.

fās *indēcl n* = quod per deōs licet; fās est = licet (per deōs)
voluptās -ātis *f* = quod dēlec-tat, dēliciae
temperātus -a -um = nec cali-dus nec frīgidus
remissus -a -um (*part* < re-mit-tere) = lēnis, moderātus
triquetrus -a -um = quī tria la-tera et trēs angulōs habet

ap-pellere < ad + pellere
īnferior *angulus*
spectāre ad = vergere ad
hoc *latus* pertinet (: longum est)
alterum *latus*
dīmidium -ī *n* = dīmidia pars

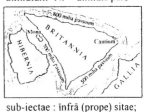

sub-iectae : īnfrā (prope) sitae;
subiectae *esse* exīstimantur
brūma -ae *f* = diēs annī brevis-simus (a. d. VIII kal. Iān.)
percontātiō -ōnis *f* < *percontārī* = interrogāre
mēnsūra -ae *f* < mētīrī; aqua: *clepsydra,* īnstrūmentum ad hōrās mētiendās
ut fert illōrum opīniō = ut illī *opīnantur* (= exīstimant)
tertium *latus*
(terra) ob-iecta = sita contrā

vīciēs = 20×; v. centum mīlia = v. *centēna* mīlia (2000000);
centēnī -ae -a = C et C...

51

hīs : incolīs

interiōrēs *m pl* = incolae interi-
ōris partis

in-ficere = colōre afficere
vitrum -ī *n* = herba ex quā color
efficitur *caeruleus* (: color caelī
serēnī vel maris tranquillī)
horridus -a -um = horrendus
(capillus) prō-missus = longus;
capillō (*abl*) esse prōmissō =
capillum habēre prōmissum
rādere -sisse -sum = capillum
vel *barbam* auferre cultrō
duo-dēnī -ae -a = XII et XII...

īnfantēs quī sunt ex eīs nātī
quō : ad quōs

cōn-flīgere -īxisse -īctum =
ācriter concurrere (proeliō)

com-pellere -pulisse -pulsum
= eōdem pellere (multōs)
cupidius = nimis cupidē

subsidiō (*dat*) mittere = ad subsidium mittere, submittere
prīmīs *cohortibus*

per-exiguus = valdē exiguus

Ex hīs omnibus longē sunt hūmānissimī quī Cantium **14**
incolunt, quae regiō est maritima omnis, neque multum ā
Gallicā differunt cōnsuētūdine. Interiōrēs plērīque frū- 2
menta nōn serunt, sed lacte et carne vīvunt pellibusque
sunt vestītī.

Omnēs vērō sē Britannī vitrō īnficiunt, 3
quod caeruleum efficit colōrem, atque hōc
horridiōrēs sunt in pugnā aspectū; capillō-
que sunt prōmissō atque omnī parte corpo-
ris rāsā praeter caput et labrum superius.

barba
-ae *f*

Uxōrēs habent dēnī duodēnīque inter sē commūnēs, et 4
māximē frātrēs cum frātribus parentēsque cum līberīs.
Sed quī sunt ex eīs nātī eōrum habentur līberī quō prī- 5
mum virgō quaeque dēducta est.

[*Victō Cassivellaunō, Caesar exercitum redūcit*]

Equitēs hostium essedāriīque ācriter proeliō cum **15**
equitātū nostrō in itinere cōnflīxērunt, ita tamen ut nostrī
omnibus partibus superiōrēs fuerint atque eōs in silvās
collēsque compulerint. Sed, complūribus interfectīs, 2
cupidius īnsecūtī nōnnūllōs ex suīs āmīsērunt. At illī, 3
intermissō spatiō, imprūdentibus nostrīs atque occupātīs
in mūnītiōne castrōrum, subitō sē ex silvīs ēiēcērunt,
impetūque in eōs factō quī erant in statiōne prō castrīs
collocātī, ācriter pugnāvērunt. Duābusque missīs sub- 4
sidiō cohortibus ā Caesare (atque eīs prīmīs legiōnum
duārum), cum hae perexiguō intermissō locī spatiō inter
sē cōnstitissent, novō genere pugnae perterritīs nostrīs,

per mediōs audācissimē perrūpērunt sēque inde incolu-

5 mēs recēpērunt. Eō diē Q. Laberius Dūrus, tribūnus mīlitum, interficitur. Illī plūribus submissīs cohortibus repelluntur.

16 Tōtō hōc in genere pugnae, cum sub oculīs omnium ac
prō castrīs dīmicārētur, intellēctum est nostrōs propter
gravitātem armōrum, quod neque īnsequī cēdentēs possent neque ab signīs discēdere audērent, minus aptōs esse
2 ad huius generis hostem, equitēs autem magnō cum perīculō proeliō dīmicāre, proptereā quod illī etiam cōnsultō
plērumque cēderent et, cum paulum ab legiōnibus nostrōs
remōvissent, ex essedīs dēsilīrent et pedibus disparī proe-
4 liō contenderent. Accēdēbat hūc ut numquam cōnfertī,
sed rārī magnīsque intervāllīs proeliārentur statiōnēsque
dispositās habērent atque aliī aliōs deinceps exciperent
integrīque et recentēs dēfetīgātīs succēderent.

17 Posterō diē procul ā castrīs hostēs in collibus cōnstitērunt, rārīque sē ostendere et lēnius quam prīdiē nostrōs
2 equitēs proeliō lacessere coepērunt. Sed merīdiē, cum
Caesar pābulandī causā trēs legiōnēs atque omnem
equitātum cum C. Trebōniō lēgātō mīsisset, repente ex
omnibus partibus ad pābulātōrēs advolāvērunt, sīc utī ab
signīs legiōnibusque nōn absisterent.

3 Nostrī ācriter in eōs impetū factō reppulērunt neque
fīnem sequendī fēcērunt quoad subsidiō cōnfīsī equitēs,
cum post sē legiōnēs vidērent, praecipitēs hostēs ēgērunt,
4 magnōque eōrum numerō interfectō, neque suī colligendī
neque cōnsistendī aut ex essedīs dēsiliendī facultātem

Britannī per mediōs *nostrōs...*
perrūpērunt

dīmicāre = pugnāre
nostrōs *peditēs*

aptus -a -um = idōneus, parātus

illī : Britannī
cōnsultō *adv* = cōnsiliō (↔ forte)
nostrōs *equitēs*

dis-pār -paris (↔ pār) = impār

accēdēbat hūc = ad hoc accēdēbat (: addendum erat)
rārī ↔ cōnfertī
deinceps = alter post alterum
aliōs excipere : aliōrum locum
   excipere, aliīs succēdere
integer -gra -grum : incolumis
recēns -entis *adi* ↔ fessus
dē-fetīgātus -a -um = fatīgātus

pābulārī = pābulum quaerere

pābulātor -ōris *m* = quī pābulātur
ad-volāre
sīc : tam ācriter
ab-sistere = (sē) abstinēre

reppulērunt *eōs*

cōn-fīdere -fīsum esse *perf dēp;*
cōnfīsī = cōnfīdentēs (+*dat/abl*)
praeceps -cipitis (<prae + caput)
   = sē praecipitāns
sē col-ligere = sē recipere; neque *iīs* suī (sē) colligendī ...
   facultātem dedērunt

ea auxilia quae undique convēnerant
ā Cassivellaunō discessērunt

nōbīs-cum = cum nōbīs

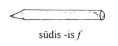

sūdis -is *f*

prae-fīgere -fīxisse -fīxum =
ante fīgere
dē-fīgere -fīxisse -fīxum = fīgere
(īnfrā)
tegere tēxisse tēctum = operīre

impetus -ūs *m* = studium prō-
grediendī ācerrimum
ex-stāre; cum... exstārent :
etsī... exstābant

dīmitterent : relinquerent

spem dē-pōnere = spērare dēsi-
nere; dēpositā spē : spē dēiectus
contentiō -ōnis *f* (< contendere)
= certāmen
: praeter IV circiter mīlia...

servāre = perspicere
(locus) impedītus = difficilis
aditū, arduus
silvestris -e < silva
in eīs regiōnibus *in* quibus nōs
iter factūrōs *esse* cognōverat

sēmita -ae *f* = via angusta

hōc metū : ob huius reī metum
eōs prohibēbat
relinquēbātur = reliquum erat

dedērunt. Ex hāc fugā prōtinus quae undique convēnerant 5
auxilia discessērunt, neque post id tempus umquam
summīs nōbīscum cōpiīs contendērunt.

Caesar, cognitō cōnsiliō eōrum, ad flūmen Tamesim in 18
fīnēs Cassivellaunī exercitum dūxit; quod flūmen ūnō
omnīnō locō pedibus, atque hoc aegrē, trānsīrī potest. Eō 2
cum vēnisset, animum advertit ad alteram flūminis rīpam
magnās esse cōpiās hostium īnstrūctās.

Rīpa autem erat acūtīs sudibus praefīxīsque mūnīta, 3
eiusdemque generis sub aquā dēfīxae sudēs flūmine
tegēbantur. Eīs rēbus cognitīs ā captīvīs perfugīsque, 4
Caesar, praemissō equitātū, cōnfestim legiōnēs subsequī
iussit. Sed eā celeritāte atque eō impetū mīlitēs iērunt, 5
cum capite sōlō ex aquā exstārent, ut hostēs impetum
legiōnum atque equitum sustinēre nōn possent rīpāsque
dīmitterent ac sē fugae mandārent.

Cassivellaunus, ut suprā dēmōnstrāvimus, omnī dē- 19
positā spē contentiōnis, dīmissīs ampliōribus cōpiīs,
mīlibus circiter quattuor essedāriōrum relictīs, itinera
nostra servābat paulumque ex viā excēdēbat locīsque impedītīs ac silvestribus sēsē occultābat, atque eīs regiōnibus quibus nōs iter factūrōs cognōverat pecora atque
hominēs ex agrīs in silvās compellēbat; et, cum equitātus 2
noster līberius praedandī vāstandīque causā sē in agrōs
ēiēcerat, omnibus viīs sēmitīsque essedāriōs ex silvīs
ēmittēbat et magnō cum perīculō nostrōrum equitum cum
eīs cōnflīgēbat atque hōc metū lātius vagārī prohibēbat.
Relinquēbātur ut neque longius ab agmine legiōnum 3

discēdī Caesar paterētur, et tantum in agrīs vāstandīs incendiīsque faciendīs hostibus nocērētur quantum labōre atque itinere legiōnāriī mīlitēs efficere poterant.

20 Interim Trīnobantēs, prope fīrmissima eārum regiōnum cīvitās – ex quā Mandubracius adulēscēns Caesaris fidem secūtus ad eum in continentem Galliam vēnerat (cuius pater in eā cīvitāte rēgnum obtinuerat interfectusque erat ā Cassivellaunō, ipse mortem fugā vītāverat) – legātōs ad Caesarem mittunt pollicenturque 'sēsē eī dēditūrōs atque

2 imperāta factūrōs'; petunt 'ut Mandubracium ab iniūriā Cassivellaunī dēfendat atque in cīvitātem mittat, quī

3 praesit imperiumque obtineat'. Eīs Caesar imperat obsidēs XL frūmentumque exercituī, Mandubraciumque

4 ad eōs mittit. Illī imperāta celeriter fēcērunt, obsidēs ad numerum frūmentumque mīsērunt.

21 Trīnobantibus dēfēnsīs atque ab omnī mīlitum iniūriā prohibitīs, Cenimagnī, Segontiacī, Ancalitēs, Bibrocī,

2 Cassī lēgātiōnibus missīs sēsē Caesarī dēdunt. Ab eīs cognōscit 'nōn longē ex eō locō oppidum Cassivellaunī abesse silvīs palūdibusque mūnītum, quō satis magnus hominum pecorisque numerus convēnerit'. ('Oppidum'

3 autem Britannī vocant, cum silvās impedītās vāllō atque fossā mūniērunt, quō incursiōnis hostium vītandae causā convenīre cōnsuērunt.)

4 Eō proficīscitur cum legiōnibus. Locum reperit ēgregiē nātūrā atque opere mūnītum. Tamen hunc duābus ex

5 partibus oppugnāre contendit. Hostēs paulisper morātī mīlitum nostrōrum impetum nōn tulērunt sēsēque aliā ex

discēdī Caesar paterētur : *eōs discēdere* C. paterētur
tantum... quantum
incendium -ī *n* < incendere
labōre atque itinere : (in) itinere labōriōsō

fīrmissima : validissima

imperātum -ī *n* = quod imperātur
quī (: *ut*) *cīvitātī* praesit

ad numerum : XL

Caesar cognōscit

-iērunt = -īvērunt

cōnsuē*ve*runt = solent

contendit + *īnf* = properat

55

repertus *est*

supra: cap. 14.1

Cingetorīx -īgis *m*

Segovāx -ācis *m*

castra nāvālia: vidē cap. 11.5-7
im-prōvīsus -a -um = nōn ex-
spectātus; dē imprōvīsō =
modō imprōvīsō, subitō
eī = iī
ēruptiō -ōnis *f* < ē-rumpere

Lugotorīx -īgis *m*

dētrīmentum -ī *n* = malum quō
alicui nocētur, iactūra
dēfectiō -ōnis *f* < dēficere; dē-
fectiōne cīvitātum : quod cīvitātēs dēfēcerant (cap. 21.1)
Commius: cap. 21.6

(tempus) ex-trahere = cōnsūmere
quid (: quantum) vectīgālis
vectīgal -ālis *n* = pecūnia quae
cīvitātī penditur
pendere = solvere
inter-dīcere (nē...) = vetāre
(+ *īnf*)

nōnnūllae nāvēs
dē-perīre = perīre
commeātus -ūs *m* = nāvigātiō
quā rēs vel hominēs vehuntur

parte oppidī ēiēcērunt. Magnus ibi numerus pecoris re- 6
pertus multīque in fugā sunt comprehēnsī atque interfectī.

Dum haec in hīs locīs geruntur, Cassivellaunus ad 22
Cantium – quod esse ad mare suprā dēmōnstrāvimus,
quibus regiōnibus quattuor rēgēs praeerant, Cingetorīx,
Carvīlius, Taximagulus, Segovāx – nūntiōs mittit atque
eīs imperat 'utī coāctīs omnibus cōpiīs castra nāvālia dē
imprōvīsō adoriantur atque oppugnent'.

Eī cum ad castra vēnissent, nostrī ēruptiōne factā, 2
multīs eōrum interfectīs, captō etiam nōbilī duce
Lugotorīge, suōs incolumēs redūxērunt.

Cassivellaunus, hōc proeliō nūntiātō, tot dētrīmentīs 3
acceptīs, vāstātīs fīnibus, māximē etiam permōtus dē-
fectiōne cīvitātum, lēgātōs per Atrebatem Commium dē
dēditiōne ad Caesarem mittit. Caesar, cum cōnstituisset 4
hiemāre in continentī propter repentīnōs Galliae mōtūs
neque multum aestātis superesset atque id facile extrahī
posse intellegeret, obsidēs imperat et quid in annōs
singulōs vectīgālis populō Rōmānō Britannia penderet
cōnstituit. Interdīcit atque imperat Cassivellaunō 'nē 5
Mandubraciō neu Trīnobantibus noceat'.

Obsidibus acceptīs, exercitum redūcit ad mare. Nāvēs 23
invēnit refectās. Eīs dēductīs, quod et captīvōrum 2
magnum numerum habēbat et nōnnūllae tempestāte dē-
perierant nāvēs, duōbus commeātibus exercitum repor-
tāre īnstituit.

Ac sīc accidit utī ex tantō nāvium numerō tot nāvigātiō- 3
nibus neque hōc neque superiōre annō ūlla omnīnō nāvis,

4 quae mīlitēs portāret, dēsīderārētur – at ex eīs quae inānēs
ex continentī ad eum remitterentur, et priōris commeātūs
expositīs mīlitibus et quās posteā Labiēnus faciendās cūrāverat numerō LX, perpaucae locum caperent, reliquae
5 ferē omnēs reicerentur. Quās cum Caesar aliquamdiū
frūstrā exspectāsset, nē annī tempore ā nāvigātiōne ex-
clūderētur, quod aequinoctium suberat, necessāriō angus-
6 tius mīlitēs collocāvit, ac summā tranquillitāte cōnsecūtā,
secundā initā cum solvisset vigiliā, prīmā lūce terram
attigit omnēsque incolumēs nāvēs perdūxit.

inānis -e = vacuus

et *ex eīs* quās

ali-quamdiū = aliquantum temporis (nesciō quamdiū)
ex-clūdere -sisse -sum (< ex +
claudere) : prohibēre
necessāriō *adv*

tranquillitās -ātis *f* < tranquillus

in-īre = incipere; secundā initā
vigiliā = initiō secundae vigiliae (postquam solvit)

[Legiōnēs in hībernīs collocātae. Tasgetius interfectus]

24 Subductīs nāvibus conciliōque Gallōrum Samarobrīvae
perāctō, quod eō annō frūmentum in Galliā propter siccitātēs angustius prōvēnerat, coāctus est aliter ac superiōribus annīs exercitum in hībernīs collocāre legiōnēsque
2 in plūrēs cīvitātēs distribuere. Ex quibus ūnam in
Morinōs dūcendam C. Fabiō lēgātō dedit, alteram in
Nerviōs Q. Cicerōnī, tertiam in Esubiōs L. Rōsciō;
quārtam in Rēmīs cum T. Labiēnō in cōnfīniō Trēve-
3 rōrum hiemāre iussit; trēs in Bellovacīs collocāvit, hīs M.
Crassum quaestōrem et L. Mūnātium Plancum et C.
4 Trebōnium lēgātōs praefēcit. Ūnam legiōnem, quam
proximē trāns Padum cōnscrīpserat, et cohortēs quīnque
in Eburōnēs, quōrum pars māxima est inter Mosam ac
Rhēnum, quī sub imperiō Ambiorīgis et Catuvolcī erant,
5 mīsit; eīs mīlitibus Q. Titūrium Sabīnum et L. Aurun-
culēium Cottam lēgātōs praeesse iussit.

Samarobrīva -ae *f,* oppidum

angustē = exiguē
prō-venīre
aliter ac = aliter quam

Q. *Tullius* Cicerō, frāter M.
Tulliī Cicerōnis ōrātōris
cōnfinium -ī *n* = finis

Ambiorīx -īgis *m*

57

ad hunc modum = hōc modō

mederī + *dat* = sānāre; inopiae mederī = cūrāre nē inopia sit

pācātus -a -um *part* < pācāre
hīberna C mīlibus passuum continēbantur = inter bīna hīberna nōn plūs C mīlibus passuum intererat
collocātās *esse*

summō locō nātus = summō (nōbilissimō) genere nātus

benevolentia .-ae *f* < *bene-volēns* -entis = quī bene vult
fuerat ūsus = ūsus erat
māiōrum locum restituerat
: rēgnum reddiderat
palam ↔ clam
auctor -ōris *m* = quī suādet; aliquō auctōre = aliquō suādente
dēfertur : nūntiātur

impulsus -ūs *m* < impellere;
eōrum -ū: ab iīs impulsa
Belgium -ī *n*, regiō Belgārum

hōsque, quōrum operā cognō-verat T.um interfectum *esse*, comprehēnsōs ad sē mittere *iubet*

in hīberna perventum *esse* : eōs in hīberna pervēnisse

diēbus XV quibus in hīberna ventum est : diēbus XV post-quam in hīberna vēnērunt
dēfectiō -ōnis *f* < dēficere
cum fuissent/comportāvissent
: etsī fuerant/comportāverant
praestō (*indēcl*) esse (+ *dat*) = praesēns esse, occurrere
Trēverī, *sg* Trēver -ī *m*

Ad hunc modum distribūtīs legiōnibus, facillimē in- 6 opiae frūmentāriae sēsē mederī posse exīstimāvit. Atque 7 hārum tamen omnium legiōnum hīberna, praeter eam quam L. Rōsciō in pācātissimam partem dūcendam dederat, mīlibus passuum centum continēbantur.

Ipse intereā, quoad legiōnēs collocātās mūnītaque 8 hīberna cognōvisset, in Galliā morārī cōnstituit.

Erat in Carnūtibus summō locō nātus Tasgetius, cuius 25 māiōrēs in suā cīvitāte rēgnum obtinuerant; huic Caesar 2 prō eius virtūte atque in sē benevolentiā, quod in omnibus bellīs singulārī eius operā fuerat ūsus, māiōrum locum restituerat. Tertium iam hunc annum rēgnantem inimīcī, 3 multīs palam ex cīvitāte auctōribus, interfēcērunt. Dēfertur ea rēs ad Caesarem. Ille veritus, quod ad plūrēs per- 4 tinēbat, nē cīvitās eōrum impulsū dēficeret, L. Plancum cum legiōne ex Belgiō celeriter in Carnūtēs proficīscī iubet ibique hiemāre, quōrumque operā cognōverat Tas-getium interfectum, hōs comprehēnsōs ad sē mittere.

Interim ab omnibus lēgātīs quaestōribusque quibus 5 legiōnēs trādiderat certior factus est 'in hīberna per-ventum locumque hībernīs esse mūnītum'.

[*Ambiorīx Rōmānīs suādet ut ex hībernīs proficīscantur*]

Diēbus circiter quīndecim quibus in hīberna ventum est 26 initium repentīnī tumultūs ac dēfectiōnis ortum est ab Ambiorīge et Catuvolcō; quī, cum ad fīnēs rēgnī suī 2 Sabīnō Cottaeque praestō fuissent frūmentumque in hīberna comportāvissent, Indutiomārī Trēverī nūntiīs

58

impulsī suōs concitāvērunt, subitōque oppressīs lignā-
tōribus magnā manū ad castra oppugnātum vēnērunt.

3 Cum celeriter nostrī arma cēpissent vāllumque ascen-
dissent atque, ūnā ex parte Hispānīs equitibus ēmissīs,
equestrī proeliō superiōrēs fuissent, dēspērātā rē hostēs
4 suōs ab oppugnātiōne redūxērunt. Tum suō mōre con-
clāmāvērunt 'utī aliquī ex nostrīs ad colloquium prōdīret:
habēre sēsē quae dē rē commūnī dīcere vellent, quibus
rēbus contrōversiās minuī posse spērārent'.

27 Mittitur ad eōs colloquendī causā C. Arpīnēius, eques
Rōmānus, familiāris Q. Titūriī, et Q. Iūnius ex Hispāniā
quīdam quī iam ante missū Caesaris ad Ambiorīgem ventitāre cōnsuērat. Apud quōs Ambiorīx ad hunc modum
locūtus est:

2 'Sēsē prō Caesaris in sē beneficiīs plūrimum eī cōnfitērī
dēbēre, quod eius operā stipendiō līberātus esset quod
Aduātucīs fīnitimīs suīs pendere cōnsuēsset, quodque eī
et fīlius et frātris fīlius ab Caesare remissī essent, quōs
Aduātucī obsidum numerō missōs apud sē in servitūte et
3 catēnīs tenuissent; neque id quod fēcerit dē oppugnātiōne
castrōrum aut iūdiciō aut voluntāte suā fēcisse, sed
coāctū cīvitātis, suaque esse eiusmodī imperia ut nōn
minus habēret iūris in sē multitūdō quam ipse in multi-
4 tūdinem. Cīvitātī porrō hanc fuisse bellī causam, quod
repentīnae Gallōrum coniūrātiōnī resistere nōn potuerit.
Id sē facile ex humilitāte suā probāre posse, quod nōn
adeō sit imperītus rērum ut suīs cōpiīs populum Rō-
5 mānum superārī posse cōnfīdat. Sed esse Galliae com-

con-citāre = in-citāre
lignātor -ōris *m* = quī *lignātur;*
lignārī = lignum cōnferre
cum magnā manū

superior esse = superāre
oppugnātiō -ōnis *f* < oppugnāre
con-clāmāre = simul clāmāre
aliquī = aliquis
prōd-īre = prōcēdere
"habē*mus* quae (: rēs quās) dē
rē commūnī dīcere *volumus*
quibus rēbus... spērā*mus"*
contrōversia -ae *f* = certāmen
(dē iūre)
eques Rōmānus: cīvis dīves nec
tam nōbilis quam senātor
familiāris -is *m* = amīcus
Q. Titūriī *Sabīnī*
missū (*m abl*): m. Caesaris = ā
Caesare missus
cōnsuēverat = solēbat

Ambiorīx: "Prō C.is in *mē* beneficiīs plūrimum *mē* eī dēbēre
cōnfite*or*, quod eius operā stipendiō līberātus *sum* quod A.īs
fīnitimīs *meīs* pendere cōnsuē-
veram (= solēbam) quodque
mihi... remissī *sunt";* eī : sibi
stipendium = vectīgal
cōnsuēsset = -ēv*is*set = solēret

obsidum numerō = ut obsidēs

"neque id quod fēc*ī*....aut iūdiciō aut voluntāte *meā* fēc*ī"*
iūdicium -ī *n* < iūdicāre
coāctū *m abl:* c. cīvitātis = ā
cīvitāte (/cīvibus) coāctus
eius-modī = eius generis, tālis
"*meaque sunt* eiusmodī imperia ut nōn minus iūris in *mē*
habe*at* multitūdō quam *ego
habeō* in multitūdinem"
porrō *adv* = praetereā, ad hoc
probāre = vērum esse ostendere
"id facile ex humilitāte *meā* probāre pos*sum,* quod nōn adeō
(= tam) imperītus rērum *sum*
ut *meīs* cōpiīs populum R.um
superārī posse cōnfīda*m"*
ad-eō = tam, tam valdē

59

: ad omnia hīberna C.is oppug-
nanda hunc esse dictum (: cōnstitūtum) diem nē qua (: ali-
qua) legiō alterī legiōnī...
subsidiō (*dat*) venīre = ad subsidium venīre
reciperāre = rūrsus capere (rem
āmissam)
pietās -ātis *f* < *pius* -a -um =
quī deōs et patriam dīligit
ratiōnem habēre + *gen* = cōnsulere + *dat* = cūram habēre dē
sē monēre...: "moneō, ōrō *tē*...
ut *tuae*... salūtī cōnsul*ās*"
hospitium = amīcitia hospitum
con-dūcere = mercēde addūcere
(ad agendum)
af-fore *īnf fut* < ad-esse
"*Vestrum* est cōnsilium vel*ītis*-
ne..."
: ad hīberna Cicerōnis...

"Illud pollice*or* et iūre iūrandō
cōnfīrm*ō:* tūtum *mē* iter per
fīnēs *meōs* datūrum *esse.*Quod
cum faci*am*, et cīvitātī cōnsu-
l*ō*, quod hībernīs lev*ātur*, et
Caesarī ... grātiam refer*ō"*
levāre + *abl* = līberāre
meritum -ī *n* (< merēre) = beneficium

audiērunt = audīvērunt
lēgātōs: Sabīnum et Cottam

ignōbilis ↔ nōbilis

suā sponte = per sē
ausam *esse (īnf perf)* < audēre
cōnsilium (mīlitāre) = prīncipēs
exercitūs quī conveniunt ut
cōnsilia capiant dē rē mīlitārī
ex-sistere -stitisse = orīrī
L. Aurunc'lēius *Cotta*

mūne cōnsilium: omnibus hībernīs Caesaris oppugnandīs
hunc esse dictum diem, nē qua legiō alterae legiōnī
subsidiō venīre posset. Nōn facile Gallōs Gallīs negāre 6
potuisse, praesertim cum dē reciperandā commūnī lībertāte cōnsilium initum vidērētur. Quibus quoniam prō pie- 7
tāte satisfēcerit, habēre nunc sē ratiōnem officiī prō
beneficiīs Caesaris: monēre, ōrāre Titūrium prō hospitiō
ut suae ac mīlitum salūtī cōnsulat. Magnam manum 8
Germānōrum conductam Rhēnum trānsīsse: hanc affore
bīduō. Ipsōrum esse cōnsilium, velintne, prius quam fīni- 9
timī sentiant, ēductōs ex hībernīs mīlitēs aut ad Cicerōnem aut ad Labiēnum dēdūcere, quōrum alter mīlia
passuum circiter quīnquāgintā, alter paulō amplius ab eīs
absit. Illud sē pollicērī et iūre iūrandō cōnfīrmāre: tūtum 10
sē iter per fīnēs suōs datūrum. Quod cum faciat, et 11
cīvitātī sēsē cōnsulere, quod hībernīs levētur, et Caesarī
prō eius meritīs grātiam referre'.

Hāc ōrātiōne habitā, discēdit Ambiorīx.

[*Contrōversia lēgātōrum*]

Arpīnēius et Iūnius quae audiērunt ad lēgātōs dēferunt. **28**
Illī repentīnā rē perturbātī, etsī ab hoste ea dīcēbantur,
tamen nōn neglegenda exīstimābant, māximēque hāc rē
permovēbantur quod cīvitātem ignōbilem atque humilem
Eburōnum suā sponte populō Rōmānō bellum facere
ausam vix erat crēdendum. Itaque ad cōnsilium rem 2
dēferunt, magnaque inter eōs exsistit contrōversia. L. 3
Auruncūlēius complūrēsque tribūnī militum et prīmōrum

ōrdinum centuriōnēs nihil temere agendum neque ex hībernīs iniussū Caesaris discēdendum exīstimābant;

4 'quantāsvīs cōpiās etiam Germānōrum sustinērī posse
5 mūnītīs hībernīs' docēbant: 'rem esse testimōniō quod prīmum hostium impetum multīs ultrō vulneribus illātīs
6 fortissimē sustinuerint; rē frūmentāriā nōn premī; intereā et ex proximīs hībernīs et ā Caesare conventūra subsidia;
7 postrēmō quid esset levius aut turpius quam auctōre hoste dē summīs rēbus capere cōnsilium?'

29 Contrā ea Titūrius 'sērō factūrōs' clāmitābat 'cum māiōrēs manūs hostium, adiūnctīs Germānīs, convēnissent, aut dum aliquid calamitātis in proximīs hībernīs esset acceptum. Brevem cōnsulendī esse occāsiōnem.
2 Caesarem arbitrārī profectum in Italiam – neque aliter Carnūtēs interficiendī Tasgetiī cōnsilium fuisse captūrōs neque Eburōnēs, sī ille adesset, tantā contemptiōne nostrī
3 ad castra ventūrōs esse. Nōn hostem auctōrem, sed rem spectāre. Subesse Rhēnum; magnō esse Germānīs dolōrī
4 Ariovistī mortem et superiōrēs nostrās victōriās; ārdēre Galliam tot contumēliīs acceptīs sub populī Rōmānī imperium redāctam, superiōre glōriā reī mīlitāris ex-
5 stīnctā. Postrēmō quis hoc sibi persuādēret, sine certā rē
6 Ambiorīgem ad eiusmodī cōnsilium dēscendisse? Suam sententiam in utramque partem esse tūtam: sī nihil esset dūrius, nūllō cum perīculō ad proximam legiōnem per-ventūrōs; sī Gallia omnis cum Germānīs cōnsentīret,
7 ūnam esse in celeritāte positam salūtem. Cottae quidem atque eōrum quī dissentīrent cōnsilium quem habēret

ōrdō = *centuria* = c ferē mīlitēs
centuriō -ōnis *m* = quī centuriae praefectus est
in-iussū Caesaris =contrā ac iussit Caesar (discēdendum *esse*)
quantus-vīs : etiam māximus
testimōnium -ī *n* = quod testis affirmat, quod rem dēmōnstrat; testimōni*ō* (*dat*) esse = dēmōnstrāre ("quod... sustinu*imus*")
ultrō = etiam, ad hoc
'*sē* nōn premī': "rē frūmentāriā nōn prem*imur;* intereā... conveni*ent* subsidia; postrēmō quid *est* levius...?'
levis -e = temerārius
auctōre hoste = hoste suādente

sērō *adv* ↔ mātūrē
clāmitāre = clāmāre (multīs)
'... *sē* factūrōs *esse':* "sērō faci*ēmus,* cum māiōrēs manūs ... convēn*erint,* aut dum aliquid calamitātis... acceptum *erit*"
cōn-sulere -uisse -sultum = cōnsilium quaerere/capere
occāsiō -ōnis *f* = facultās
'*sē* arbitrārī' ("arbitr*or*")
"neque aliter C.*ēs* ... cōnsilium cēp*issent* neque Eburōnēs, sī ille adesset, ... venī*rent*"
contemptiō -ōnis *f* < contemnere; nostrī *gen* < nōs
'rem *sē* spectāre'("rem spect*ō*")
sub-esse = prope esse
Germānīs magnō dolōrī est = G.*ōs* magnō dolōre afficit
ārdēre -sisse -sum = igne cōnsūmī, incēnsus esse
contumēlia -ae *f* = iniūria indigna
ex-stinguere -īnxisse -īnctum ↔ accendere; (glōriam) exstinguere = dēlēre, tollere
sibi persuādēre +acc+*inf* = prō certō habēre; "quis sibi -*et?*"
dēscendere ad = inīre (cōnsilium)
"*mea* sententia... *est* tūta; sī nihil *est* dūrius (: male accidit), nūllō cum perīculō ad proximam legiōnem perveni*ēmus*"
sē perventūrōs *esse*
cōn-sentīre (cum) = idem sentīre (atque)

dis-sentīre ↔ cōn-sentīre
"Cottae... cōnsilium quem hab*et* exitum?"

61

longinquus = longus, quī longē
(= diū) manet

disputātiō -ōnis *f* < disputāre

prīmī ōrdinēs = centuriōnēs
prīmōrum ōrdinum (prīmā-
rum centuriārum)

hī : mīlitēs

ratiōnem re-poscere ab aliquō =
culpam conicere in aliquem,
accūsāre aliquem
perendinus diēs = diēs tertius

re-lēgāre = domō dīmittere

inter-īre = per-īre
cōn-surgere = surgere (simul);
cōnsurgitur : cōnsurgunt
utrumque : utrīusque manum
dissēnsiō -ōnis *f* < dis-sentīre
pertinācia -ae *f* < *pertināx* -ācis
adi = quī alterī nōn cēdit
"facil*is est rēs* seu man*ēmus* seu
profic*īscimur,* sī modo ūnum
omnēs sent*īmus* ac prob*āmus*
– contrā in dissēnsiōne nūllam
salūtem perspic*imus"*
contrā *adv*

manūs dare : sē victum esse
ostendere/fatērī

clādēs -is *f* ↔ victōria

vigiliae -ārum *f pl* ↔ somnus

circum-spicere = circum sē
aspicere

mihi persuāsum est = mihi per-
suādeō, prō certō habeō /crēdō;
ut quibus esset persuāsum :
velut sī iīs esset persuāsum

exitum? in quō sī nōn praesēns perīculum, at certē lon-
ginquā obsidiōne famēs esset timenda.'

Hāc in utramque partem disputātiōne habitā, cum ā 30
Cottā prīmīsque ōrdinibus ācriter resisterētur, "Vincite"
inquit, "sī ita vultis" Sabīnus, et id clāriōre vōce ut
magna pars mīlitum exaudīret; "neque is sum" inquit 2
"quī gravissimē ex vōbīs mortis perīculō terrear. Hī
sapient: sī gravius quid acciderit, abs tē ratiōnem re-
poscent, quī, sī per tē liceat, perendinō diē cum proximīs 3
hībernīs coniūnctī commūnem cum reliquīs bellī cāsum
sustineant, nōn reiectī et relēgātī longē ā cēterīs aut ferrō
aut fame intereant!"

Cōnsurgitur ex cōnsiliō. Comprehendunt utrumque et 31
ōrant 'nē suā dissēnsiōne et pertināciā rem in summum
perīculum dēdūcant; facilem esse rem, seu maneant seu 2
proficīscantur, sī modo ūnum omnēs sentiant ac probent
– contrā in dissēnsiōne nūllam sē salūtem perspicere'.

Rēs disputātiōne ad mediam noctem perdūcitur. Tan- 3
dem dat Cotta permōtus manūs: superat sententia Sabīnī.

[*Profectiō ex hībernīs. Clādēs Rōmānōrum*]

Prōnūntiātur 'prīmā lūce itūrōs'. Cōnsūmitur vigiliīs 4
reliqua pars noctis, cum sua quisque mīles circum-
spiceret, quid sēcum portāre posset, quid ex īnstrūmentō
hībernōrum relinquere cōgerētur... Prīmā lūce sīc ex 6
castrīs proficīscuntur ut quibus esset persuāsum nōn ab
hoste sed ab homine amīcissimō Ambiorīge cōnsilium
datum, longissimō agmine māximīsque impedīmentīs.

32 At hostēs, posteāquam ex nocturnō fremitū vigiliīsque dē profectiōne eōrum sēnsērunt, collocātīs īnsidiīs bipertītō in silvīs opportūnō atque occultō locō ā mīlibus passuum circiter duōbus Rōmānōrum adventum exspec-
2 tābant. Et, cum sē māior pars agminis in magnam convallem dēmīsisset, ex utrāque parte eius vallis subitō sē ostendērunt, novissimōsque premere et prīmōs prohibēre ascēnsū atque inīquissimō nostrīs locō proelium committere coepērunt.

sentīre sēnsisse sēnsum
īnsidiae = quī dolō impetum faciunt ē locō occultō
occultus -a -um = quī occultātur, abditus, latēns
ā mīlibus passuum duōbus: duo mīlia passuum *ā castrīs*
convallis -is *f* = vallis angusta (monte circumclūsa)
sē dē-mittere = dēscendere

in-īquus -a -um (< in- + aequus) ↔ idōneus

33 Tum dēmum Titūrius, quī nihil ante prōvīdisset, trepidāre et concursāre cohortēsque dispōnere, haec tamen ipsa timidē atque ut eum omnia dēficere vidērentur – quod plērumque eīs accidere cōnsuēvit quī in ipsō negōtiō cōn-
2 silium capere cōguntur. At Cotta, quī cōgitāsset haec posse in itinere accidere atque ob eam causam profectiōnis auctor nōn fuisset, nūllā in rē commūnī salūtī deerat et in appellandīs cohortandīsque mīlitibus imperātōris et in pugnā mīlitis officia praestābat.

quī (: cum) nihil prōvīd*isset*
trepidāre = perturbārī
concursāre = hūc illūc currere
trepid*āre*, concurs*āre*, dispōn*ere* : trepid*at*, concurs*at*, dispōn*it* (*īnf* prō *ind*)
eum omnia dēficiunt = omnibus dēficitur, dēspērat

quī (: cum) cōgitā*visset*

auctor esse reī = rem suādēre

3 Cum propter longitūdinem agminis minus facile omnia per sē obīre et quid quōque locō faciendum esset prōvidēre possent, iussērunt prōnūntiāre 'ut impedīmenta re-
4 linquerent atque in orbem cōnsisterent!' Quod cōnsilium, etsī in eiusmodī cāsū reprehendendum nōn est, tamen in-
5 commodē accidit: nam et nostrīs mīlitibus spem minuit et hostēs ad pugnam alacriōrēs effēcit, quod nōn sine summō timōre et dēspērātiōne id factum vidēbātur.
6 Praetereā accidit – quod fierī necesse erat – ut vulgō mīlitēs ab signīs discēderent, quae quisque eōrum cāris-

ob-īre = ad-īre (labōrem)

ducēs iussērunt

in-commodus -a -um = molestus, inīquus, īnfēlīx; *adv* -ē

alacer -cris -cre = ācer et studiōsus
dēspērātiō -ōnis *f* < dēspērāre

vulgō *adv* = frequenter, ubīque

ea quae quisque eōrum cārissima habēret...

ar-ripere -iō -uisse -reptum
 < ad + rapere
flētus -ūs *m* < flēre

re-servāre = salvum servāre
quae-cumque *n pl* = omnia quae;
 "vestra est praeda atque *vōbīs*
 reserv*antur* q. R.ī relīqu*erint"*
pro-inde = ergō, itaque
"omnia (: omnem spem) in victōriā posita *esse* exīstim*āte!"*
tam-etsī = etsī

totiēs quotiēs
prō-currere -currisse

"quam in partem (: in eā parte
 in quam) Rōmānī impetum
 fēc*ērunt* cēd*ite!"*
levitās -ātis *f* < levis; levitāte...
 : ob levitātem...
"nihil (= nōn) *vōbīs* nocērī *potest;* rūrsus sē ad signa recipientēs *Rōmānōs* īnsequ*iminī!"*
praeceptum -ī *n* = quod praeceptum (imperātum) est
ob-servāre ↔ neglegere
quis- quae- quod-piam = aliquis -qua -quod
re-fugere

nūdāre = nūdum facere (latere
 apertō)

stāre stetisse

incommodum -ī *n* = rēs in-
 commoda
cōn-flīctāre = percutere et
 perturbāre

---

sima habēret ab impedīmentīs petere atque arripere pro-
perāret, clāmōre et flētū omnia complērentur.

At barbarīs cōnsilium nōn dēfuit. Nam ducēs eōrum **34**
tōtā aciē prōnūntiāre iussērunt 'nē quis ab locō discēde-
ret! Illōrum esse praedam atque illīs reservārī quaecumque Rōmānī relīquissent: proinde omnia in victōriā posita
exīstimārent!'

Erant et virtūte et studiō pugnandī parēs. Nostrī, tametsī **2**
ab duce et ā fortūnā dēserēbantur, tamen omnem spem
salūtis in virtūte pōnēbant, et quotiēs quaeque cohors prō-
currerat, ab eā parte magnus numerus hostium cadēbat.

Quā rē animadversā, Ambiorīx prōnūntiārī iubet 'ut **3**
procul tēla coniciant, neu propius accēdant, et quam in
partem Rōmānī impetum fēcerint cēdant – levitāte armō- **4**
rum et cotīdiānā exercitātiōne nihil eīs nocērī posse;
rūrsus sē ad signa recipientēs īnsequantur'.

Quō praeceptō ab eīs dīligentissimē observātō, cum **35**
quaepiam cohors ex orbe excesserat atque impetum
fēcerat, hostēs vēlōcissimē refugiēbant. Interim eam **2**
partem nūdārī necesse erat et ab latere apertō tēla recipī.
Rūrsus cum in eum locum unde erant ēgressī revertī **3**
coeperant, et ab eīs quī cesserant et ab eīs quī proximī
steterant circumveniēbantur. Sīn autem locum tenēre **4**
vellent, nec virtūtī locus relinquēbātur neque ab tantā
multitūdine coniecta tēla cōnfertī vītāre poterant.

Tamen tot incommodīs cōnflīctātī, multīs vulneribus **5**
acceptīs, resistēbant, et, magnā parte diēī cōnsūmptā,
cum ā prīmā lūce ad hōram octāvam pugnārētur, nihil

6 quod ipsīs esset indignum committēbant. Tum T. Bal-
ventiō, quī superiōre annō prīmum pīlum dūxerat, virō
fortī et magnae auctōritātis, utrumque femur trāgulā trā-
7 icitur; Q. Lūcānius eiusdem ōrdinis, fortissimē pugnāns,
8 cum circumventō fīliō subvenit, interficitur; L. Cotta
lēgātus omnēs cohortēs ōrdinēsque adhortāns in ad-
versum ōs fundā vulnerātur.

36 Hīs rēbus permōtus Q. Titūrius, cum procul Ambiorīgem suōs cohortantem cōnspexisset, interpretem suum
Cn. Pompēium ad eum mittit rogātum 'ut sibi mīlitibus-
2 que parcat'. Ille appellātus respondit 'sī velit sēcum colloquī, licēre; spērāre ā multitūdine impetrārī posse quod
ad mīlitum salūtem pertineat, ipsī vērō nihil nocitum īrī,
inque eam rem sē suam fidem interpōnere'.

3 Ille cum Cottā sauciō commūnicat 'sī videātur, pugnā
ut excēdant et cum Ambiorīge ūnā colloquantur: spērāre
ab eō dē suā ac mīlitum salūte impetrārī posse'. Cotta 'sē
ad armātum hostem itūrum' negat atque in eō persevērat.

37 Sabīnus quōs in praesentia tribūnōs mīlitum circum sē
habēbat et prīmōrum ōrdinum centuriōnēs sē sequī iubet,
et, cum propius Ambiorīgem accessisset, iussus arma abicere imperātum facit suīsque ut idem faciant imperat.
2 Interim, dum dē condiciōnibus inter sē agunt longiorque
cōnsultō ab Ambiorīge īnstituitur sermō, paulātim circumventus interficitur!
3 Tum vērō suō mōre 'victōriam!' conclāmant atque
ululātum tollunt, impetūque in nostrōs factō, ōrdinēs
4 perturbant. Ibi L. Cotta pugnāns interficitur cum māximā

committere = facere
pīlus -ī *m* = centuria; quī prīmum
pīlum dūcit est centuriō prīnceps (centuriō prīmī pīlī)
femur -minis/-moris *n* = crūs
superius (suprā genū)
trā-icere = trānsfīgere

sub-venīre = auxiliō venīre

ad-hortārī = cohortārī
adversus -a -um *part* < ad-
vertere ↔ ā-vertere

interpres -etis *m* = vir linguā-
rum perītus quī sermōnem in
alteram linguam vertit

"sī *vīs mē*cun colloquī, lic*et*"

'*sē* spērāre...': "spēr*ō* ā multitūdine impetrārī posse quod
ad mīlitum salūtem pertin*et*,
tibi vērō nihil noc*ēbitur*, inque eam rem *meam* fidem
interpōn*ō*" (: id prōmittō)
saucius -a -um = vulnerātus
Sabīnus: "sī *tibi* vid*ētur,ē* pugnā
excēd*āmus* et ūnā cum A. col-
loqu*āmur*: spēr*ō* ab eō dē *nostrā* ... salūte impetrārī posse"
Cotta: "*ego* ad armātum hostem
nōn ībō!"
per-sevērāre = cōnstanter per-
manēre (↔ cessāre)

inter sē agere = colloquī

cōnsultō *adv* (< cōnsulere)
= cōnsiliō; ↔ forte
Sabīnus interficitur

ululātus -ūs *m* < ululāre; -um
tollere = ululāre

parte mīlitum. Reliquī sē in castra recipiunt unde erant
ēgressī. Ex quibus L. Petrosidius aquilifer, cum magnā 5
multitūdine hostium premerētur, aquilam intrā vāllum
prōiēcit; ipse prō castrīs fortissimē pugnāns occīditur.

Illī aegrē ad noctem oppugnātiōnem sustinent. Noctū ad 6
ūnum omnēs, dēspērātā salūte, sē ipsī interficiunt. Paucī 7
ex proeliō ēlāpsī incertīs itineribus per silvās ad T. Labiēnum lēgātum in hīberna perveniunt atque eum dē rēbus
gestīs certiōrem faciunt.

[Ambiorīx cum sociīs hīberna Cicerōnis aggreditur]

Hāc victōriā sublātus Ambiorīx statim cum equitātū in **38**
Aduātucōs, quī erant eius rēgnō fīnitimī, proficīscitur;
neque noctem neque diem intermittit, peditātumque sēsē
subsequī iubet. Rē dēmōnstrātā Aduātucīsque concitātīs, 2
posterō diē in Nerviōs pervenit hortāturque 'nē suī in
perpetuum līberandī atque ulcīscendī Rōmānōs prō eīs
quās accēperint iniūriās occāsiōnem dīmittant; interfectōs 3
esse lēgātōs duōs magnamque partem exercitūs interīsse'
dēmōnstrat; 'nihil esse negōtiī subitō oppressam legiō- 4
nem quae cum Cicerōne hiemet interficī'; sē ad eam rem
profitētur adiūtōrem. Facile hāc ōrātiōne Nerviīs persuādet.

Itaque cōnfestim dīmissīs nūntiīs ad Ceutronēs, Grudiōs, **39**
Levacōs, Pleumoxiōs, Geidumnōs, quī omnēs sub eōrum
imperiō sunt, quam māximās manūs possunt cōgunt et dē
imprōvīsō ad Cicerōnis hīberna advolant, nōndum ad
eum fāmā dē Titūriī morte perlātā.

Margin glosses:

aquili-fer -ferī = mīles quī
aquilam fert

ē-lābī -lāpsum = aegrē excēdere

*eōs*que hortātur nē occāsiōnem
suī (/sē) līberandī... dīmittant

nihil est negōtiī : facillimum
est

pro-fitērī (< prō + fatērī) = prō-
mittere (sē fore...)
ad-iūtor -ōris *m* = quī adiuvat

Ceutronēs, Grudiī, Levacī, Pleumoxiī, Geidumnī, gentēs Bel-
giī, Nerviōrum clientēs
eōrum : Nerviōrum

2 Huic quoque accidit – quod fuit necesse – ut nōnnūllī mīlitēs, quī lignātiōnis mūnītiōnisque causā in silvās dis-

3 cessissent, repentīnō equitum adventū interciperentur. Eīs circumventīs, magnā manū Eburōnēs, Nerviī, Aduātucī atque hōrum omnium sociī et clientēs legiōnem oppug-nāre incipiunt. Nostrī celeriter ad arma concurrunt, vāl-

4 lum cōnscendunt. Aegrē is diēs sustentātur, quod omnem spem hostēs in celeritāte pōnēbant, atque hanc adeptī victōriam in perpetuum sē fore victōrēs cōnfīdēbant.

40 Mittuntur ad Caesarem cōnfestim ab Cicerōne litterae, magnīs prōpositīs praemiīs 'sī pertulissent': obsessīs omnibus viīs, missī intercipiuntur.

2 Noctū ex māteriā quam mūnītiōnis causā comportāve-rant turrēs admodum CXX excitantur incrēdibilī celeritāte; quae deesse operī vidēbantur perficiuntur.

3 Hostēs posterō diē multō māiōribus coāctīs cōpiīs castra oppugnant, fossam complent. Eādem ratiōne quā

4 prīdiē ā nostrīs resistitur. Hoc idem reliquīs deinceps fit

5 diēbus. Nūlla pars nocturnī temporis ad labōrem inter-mittitur, nōn aegrīs, nōn vulnerātīs facultās quiētis datur.

6 Quaecumque ad proximī diēī oppugnātiōnem opus sunt noctū comparantur: multae praeustae sudēs, magnus mūrālium pīlōrum numerus īnstituitur, turrēs contabulan-

7 tur, pinnae lōrīcaeque ex crātibus attexuntur. Ipse Cicerō, cum tenuissimā valētūdine esset, nē noc-turnum quidem sibi tempus ad quiētem relinquēbat, ut ultrō mīlitum concursū ac vōcibus sibi parcere cōgerētur.

crātis -is *f*

huic : Cicerōnī

lignātiō -ōnis *f* < lignārī

inter-cipere = reditū inter-clūdere

con-currere = eōdem currere

is diēs : oppugnātiō eius diēī
sustentāre = sustinēre
ad-ipīscī -eptum (↔ āmittere)
= cōnsequī (suō labōre); *sī*
hanc victōriam adeptī *essent*
(Cicerō: "magna praemia vōbīs
prōpōnō (: prōmittō) sī litterās
pertul*eritis*")
ob-sidēre -sēdisse -sessum
= armīs occupāre
nūntiī missī intercipiuntur

turris -is *f* = aedificium altum
admodum CXX = omnīnō CXX
excitāre = citō facere

opus : mūnītiō

turris

ā nostrīs resistitur = nostrī re-sistunt

quiēs -ētis *f* = tempus quiēs-cendī, somnus
quae-cumque (omnia quae) opus
sunt = quibus-cumque opus est
= quaecumque necessāria sunt
prae-ūrere = ūrere parte priōre
mūrālis -e <mūrus; pīlum -e: p.
grave quod dē mūrō iacitur
con-tabulāre = tabulīs tegere
pinna, lōrīca -ae *f*: mūnītiōnēs
levēs super vāllum positae
at-texere = fīlīs adiungere
cum tenuissimā (: īnfirmissimā)
valētūdine esset = etsī... erat
relinquere +*dat* = concēdere
ultrō mīlitum concursū...: mīlitibus ultrō concurrentibus ac
monentibus ("tibi parce!")

67

ostentāre = glōriōsē ostendere
fidem facere = facere ut fīdātur
errāre = fallī, prāvē exīstimāre
"errā*tis* sī quicquam praesidiī
(= ūllum praesidium) spērā*tis*
ab eīs quī suīs rēbus diffid*unt*"
dif-fīdere (< dis-) ↔ cōnfīdere
"hōc animō in C. ... *sumus* ut
nihil nisi hīberna recūs*ēmus*"
recūsāre = nōlle (habēre)
in-veterāscere = vetus fierī
"licet *vōbīs* incolumibus per *nōs*
ex hībernīs discēdere et quāscumque in partēs *vultis* (= in
quās-vīs partēs) ... proficīscī"

caespes

Cicerō: "sī ab armīs discēdere
vultis,mē adiūtōre ū*timinī* lēgātōsque ad C. mitt*ite; spērō vōs*
prō eius iūstitiā (< iūstus) quae
pet*īveritis* impetrātūrōs *esse*"
peti*er*int = petī*ver*int

vāllō pedum IX *in altitūdinem*
fossā pedum XV *in lātitūdinem*

: et docēbantur ab eīs captīvīs
quōs clam dē exercitū *nostrō*
habēbant
ferrāmenta -ōrum *n pl* = īnstrūmenta ferrea; nūllā -ōrum cōpiā : cum nūllā -ōrum cōpia
esset (nūlla cōpia = inopia)
caespes -itis *m* = terra cum herbā
circum-cīdere < -caedere
sag(ul)um -ī *n* = pallium mīlitis

minus *quam* tribus hōrīs
mūnītiōnem mīlium passuum
XV [?] in circuitū

Tunc ducēs prīncipēsque Nerviōrum, quī aliquem **41** sermōnis aditum causamque amīcitiae cum Cicerōne habēbant, 'colloquī sēsē velle' dīcunt. Factā potestāte, 2 eadem quae Ambiorīx cum Titūriō ēgerat commemorant: 'omnem esse in armīs Galliam; Germānōs Rhēnum trāns- 3 īsse; Caesaris reliquōrumque hīberna oppugnārī'. Addunt 4 etiam dē Sabīnī morte. Ambiorīgem ostentant fideī faci- endae causā. 'Errāre eōs' dīcunt 'sī quicquam ab eīs 5 praesidiī spērent quī suīs rēbus diffīdant. Sēsē tamen hōc esse in Cicerōnem populumque Rōmānum animō ut nihil nisi hīberna recūsent atque hanc inveterāscere cōnsuētū- dinem nōlint. Licēre illīs incolumibus per sē ex hībernīs 6 discēdere et quāscumque in partēs velint sine metū proficīscī'.

Cicerō ad haec ūnum modo respondit: 'nōn esse cōn- 7 suētūdinem populī Rōmānī accipere ab hoste armātō con- diciōnem; sī ab armīs discēdere velint, sē adiūtōre ūtantur 8 lēgātōsque ad Caesarem mittant; spērāre prō eius iūstitiā quae petierint impetrātūrōs'.

Ab hāc spē repulsī Nerviī vāllō pedum IX et fossā **42** pedum XV hīberna cingunt. Haec et superiōrum annōrum 2 cōnsuētūdine ab nōbīs cognōverant et quōs clam dē exer- citū habēbant captīvōs ab eīs docēbantur; sed nūllā ferrā- 3 mentōrum cōpiā quae esset ad hunc ūsum idōnea, gladiīs caespitēs circumcīdere, manibus sagulīsque terram ex- haurīre vidēbantur. Quā quidem ex rē hominum multi- 4 tūdō cognōscī potuit, nam minus hōrīs tribus mīlium passuum XV in circuitū mūnītiōnem perfēcērunt; reliquīs- 5

falx falcis *f*

que diēbus turrēs ad altitūdinem vāllī, falcēs testūdinēsque, quās iīdem captīvī docuerant, parāre ac facere coepērunt.

testūdō -inis *f:*
tēctum mōbile
mīlitum

43 Septimō oppugnātiōnis diē, māximō coortō ventō, fer-
ventēs fūsilī ex argillā glandēs fundīs et fervēfacta iacula

fervēns -entis = ārdēns; fervē-
facere = ferventem facere
fūsilis -e (< fundere) = quī
fundī potest
argilla -ae *f* = terra mollis ex
quā vāsa fierī possunt
iaculum -ī *n* = pīlum (ad iaciendum)

glāns -andis *f*

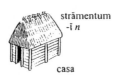

strāmentum
-ī *n*

casa

scālae -ārum *f pl*

in casās, quae mōre Gallicā strāmentīs erant tēctae, iacere

casa -ae *f* = parva domus pauper

2 coepērunt. Hae celeriter ignem comprehendērunt et ventī

ignem comprehendere = incendī

magnitūdine in omnem locum castrōrum distulērunt.

dif-ferre dis-tulisse dī-lātum
= in variās partēs ferre

3 Hostēs māximō clāmōre, sīcutī partā iam et explōrātā

sīc-utī (= sīc-ut) : tamquam
victōriam parere = vincere
explōrātus -a -um = certus

victōriā, turrēs testūdinēsque agere et scālīs vāllum

4 ascendere coepērunt. At tanta mīlitum virtūs atque ea

praesentia animī = animus cōnstāns

praesentia animī fuit ut, cum ubīque flammā torrērentur

torrēre = paulum ūrere (flammā
: igne)

māximāque tēlōrum multitūdine premerentur suaque

omnia impedīmenta atque omnēs fortūnās cōnflagrāre

cōn-flagrāre = ārdēre

intellegerent, nōn modo dēmigrandī causā dē vāllō dē-

dē-cēdere

cēderet nēmō, sed paene nē respiceret quidem quisquam,

flamma
-ae *f*

ac tum omnēs ācerrimē fortissimēque pugnārent.

5 Hic diēs nostrīs longē gravissimus fuit, sed tamen hunc

ēventus -ūs *m* (< ē-venīre)
= exitus

habuit ēventum ut eō diē māximus numerus hostium

vulnerārētur atque interficerētur, ut sē sub ipsō vāllō

ut sē cōnstīpāverant : quoniam
sē cōnstīpāverant
cōn-stīpāre = cōnfertum facere
recessus -ūs *m* < re-cēdere

cōnstīpāverant recessumque prīmīs ultimī nōn dabant.

turris -is *f,* acc -im, abl -ī

6 Paulum quidem intermissā flammā et quōdam locō turrī

ad-igere -ēgisse -āctum < ad
+ agere; adāctā *ad vāllum*

adāctā et contingente vāllum, tertiae cohortis centuriōnēs

con-tingere -tigisse -tāctum
= tangere

ex eō quō stābant locō recessērunt suōsque omnēs

remōvērunt. Nūtū vōcibusque hostēs 'sī introīre vellent'
vocāre coepērunt: quōrum prōgredī ausus est nēmō. Tum 7
ex omnī parte lapidibus coniectīs dēturbātī, turrisque
succēnsa est.

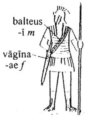

lapis -idis *m*

[*Pullō et Vorēnus*]

Erant in eā legiōne fortissimī virī, centuriōnēs, quī **44**
prīmīs ōrdinibus appropinquārent, T. Pullō et L. Vorēnus.
Hī perpetuās inter sē contrōversiās habēbant, quīnam 2
anteferrētur, omnibusque annīs dē locīs summīs simul-
tātibus contendēbant.

Ex hīs Pullō, cum ācerrimē ad mūnītiōnēs pugnārētur, 3
"Quid dubitās" inquit, "Vorēne? aut quem locum tuae
probandae virtūtis exspectās? Hic diēs dē nostrīs contrō-
versiīs iūdicābit." Haec cum dīxisset, prōcēdit extrā 4
mūnītiōnēs, quaeque pars hostium cōnfertissima est vīsa
irrumpit.

Nē Vorēnus quidem sēsē vāllō continet, sed omnium 5
veritus exīstimātiōnem subsequitur. Tum, mediocrī spatiō 6
relictō, Pullō pīlum in hostēs immittit atque ūnum ex
multitūdine prōcurrentem trāicit; quō percussō et ex-
'animātō, hunc scūtīs prōtegunt, in hostem tēla ūniversī
coniciunt, neque dant regrediendī facultātem.

Trānsfigitur scūtum Pullōnī et verūtum 7
in balteō dēfīgitur. Āvertit hic cāsus vāgī- 8
nam et gladium ēdūcere cōnantī dextram
morātur manum, impedītumque hostēs
circumsistunt.

balteus
-ī *m*

vāgīna
-ae *f*

70

Marginal glossary:

"sī introīre vultis..."
intro-īre = intrāre

dē-turbāre = vī dēicere
dēturbātī *sunt*
suc-cendere -disse -cēnsum =
  incendere (ex parte īnferiōre)

Pullō -ōnis *m*

quī-nam : uter-nam (utrī)

ante-ferre (+ *dat*) = praeferre
simultās -ātis *f* = animus
  certāns, certāmen

dubitāre = cūnctārī
locus + *gen* = facultās, occāsiō

quae pars hostium = in eam
  partem hostium quae...

vāllō : intrā vāllum
exīstimātiō -ōnis *f* (< exīstimāre) = opīniō
mediocris -e = nec parvus nec
  magnus, ali-quantus
im-mittere < in-mittere
prō-currere
ex-animāre = interficere
prō-tegere = tuērī
in hostem : in Pullōnem
re-gredī -ior -gressum = re-
  cēdere
verūtum -ī *n* = pīlum

et *Pullōnī* gladium (ē vāgīnā)
ēdūcere cōnantī
morārī = morantem facere

9 Succurrit inimīcus illī Vorēnus et labōrantī subvenit.

10 Ad hunc sē cōnfestim ā Pullōne ommnis multitūdō

11 convertit – illum verūtō arbitrantur occīsum. Gladiō com-
minus rem gerit Vorēnus, atque ūnō interfectō reliquōs
paulum prōpellit. Dum cupidius īnstat, in locum dēiectus
īnferiōrem concidit.

12 Huic rūrsus circumventō fert subsidium Pullō, atque
ambō incolumēs, complūribus interfectīs, summā cum
laude sēsē intrā mūnītiōnēs recipiunt.

13 Sīc fortūna in contentiōne et certāmine utrumque versā-
vit, ut alter alterī inimīcus auxiliō salūtīque esset neque
dīiūdicārī posset uter utrī virtūte anteferendus vidērētur.

suc-currere + *dat* = subsidiō currere

com-minus *adv*(<con- + manus) = proximē (pugnāns)
rem gerere : pugnāre

con-cidere = cadere (in locō)

ambō -ae -ō *pl* = duo (et ūnus et alter), uterque

versāre = hūc illūc ferre

auxiliō salūtīque (*dat*) esse = auxilium salūtemque afferre
dī-iūdicāre = iūdicāre (inter duōs)

[*Litterae ad Caesarem missae*]

45 Quantō erat in diēs gravior atque asperior oppugnātiō
– et māximē quod, magnā parte mīlitum cōnfectā vulneribus, rēs ad paucitātem dēfēnsōrum pervēnerat – tantō
crēbriōrēs litterae nūntiīque ad Caesarem mittēbantur.
Quōrum pars dēprehēnsa in cōnspectū nostrōrum mīlitum
cum cruciātū necābātur.

2 Erat ūnus intus Nervius, nōmine Verticō, locō nātus
honestō, quī ā prīmā obsidiōne ad Cicerōnem perfūgerat

3 suamque eī fidem praestiterat. Hic servō spē lībertātis
magnīsque persuādet praemiīs ut litterās ad Caesarem

4 dēferat. Hās ille in iaculō illigātās effert, et Gallus inter
Gallōs sine ūllā suspīciōne versātus ad Caesarem

5 pervenit. Ab eō dē perīculīs Cicerōnis legiōnisque
cognōscitur.

in diēs = in singulōs diēs
quantō + *comp* ... tantō + *comp*
asper -era -erum = difficilis et molestus
cōnfectus = male affectus
dēfēnsor -ōris *m* = quī dēfendit

quōrum *nūntiōrum*
dē-prehendere = comprehendere
in cōnspectū mīlitum = mīlitibus spectantibus, cōram mīlitibus
intus *adv* (↔ forīs) : in castrīs
Nerviī, *sg* Nervius -ī *m*
Verticō -ōnis *m*
honestus -a -um = laude dignus (< *honōs* -ōris *m* = glōria, dignitās)
prae-stāre -stitisse; fidem p. = sē fīdum p. (ostendere)

ille : servus Verticōnis
il-ligāre < in-ligāre
suspīciō ↔ fidēs

acceptis litterīs *Samarobrīvae*

M. Crassus: fīlius M. Crassī
quī annō 55 a.C. cōnsul fuit
cum Pompēiō

alterum *nūntium*

scrībit Labiēnō *ut*... veniat

reī pūblicae commodō = sine
reī pūblicae incommodō

longius : nimis longē

col-ligere (↔ spargere) = eōdem
ferre, convenīre iubēre, cōgere
ante-cursor -ōris *m* = quī *ante-
currit*

dē-vehere -vēxisse -vectum

nōn ita multum = certē nōn m.

Caesarī occurrit
interitus -ūs *m* < interīre

praesertim *cum eōs* recentī victōriā efferrī scīret
ef-ferrī (+ *abl*) = superbus (sublātus) esse

rem gestam in Eburōnibus: clā-
dem Sabīnī et Cottae
per-scrībere = multīs verbīs
scrībere

Caesar, acceptīs litterīs hōrā circiter ūndecimā diēī, **46**
statim nūntium in Bellovacōs ad M. Crassum quaestōrem
mittit, cuius hīberna aberant ab eō mīlia passuum XXV;
iubet 'mediā nocte legiōnem proficīscī celeriterque ad sē **2**
venīre.' Exit cum nūntiō Crassus. Alterum ad C. Fabium **3**
lēgātum mittit 'ut in Atrebatum fīnēs legiōnem addūcat',
quā sibi iter faciendum sciēbat. Scrībit Labiēnō, 'sī reī **4**
pūblicae commodō facere posset, cum legiōne ad fīnēs
Nerviōrum veniat'. Reliquam partem exercitūs, quod **5**
paulō aberat longius, nōn putat exspectandam. Equitēs
circiter quadringentōs ex proximīs hībernīs colligit.

Hōrā circiter tertiā ab antecursōribus dē Crassī adventū **47**
certior factus, eō diē mīlia passuum XX prōcēdit. Crassum **2**
Samarobrīvae praeficit legiōnemque attribuit, quod ibi
impedīmenta exercitūs, obsidēs cīvitātum, litterās pūblicās, frūmentumque omne quod eō tolerandae hiemis
causā dēvēxerat relinquēbat.

Fabius, ut imperātum erat, nōn ita multum morātus in **3**
itinere cum legiōne occurrit. Labiēnus, interitū Sabīnī et **4**
caede cohortium cognitā, cum omnēs ad eum Trēverōrum
cōpiae vēnissent, veritus nē, sī ex hībernīs fugae similem
profectiōnem fēcisset, hostium impetum sustinēre nōn
posset, praesertim quōs recentī victōriā efferrī scīret, **5**
litterās Caesarī remittit: 'quantō cum perīculō legiōnem
ex hībernīs ēductūrus esset'; rem gestam in Eburōnibus
perscrībit, docet 'omnēs equitātūs peditātūsque cōpiās
Trēverōrum tria mīlia passuum longē ab suīs castrīs
cōnsēdisse'.

48 Caesar, cōnsiliō eius probātō, etsī opīniōne trium legiōnum dēiectus ad duās redierat, tamen ūnum commūnis

2 salūtis auxilium in celeritāte pōnēbat. Vēnit magnīs itineribus in Nerviōrum fīnēs. Ibi ex captīvīs cognōscit quae
apud Cicerōnem gerantur quantōque in perīculō rēs sit.

3 Tum cuidam ex equitibus Gallīs magnīs praemiīs per-
4 suādet utī ad Cicerōnem epistolam dēferat. Hanc Graecīs
cōnscrīptam litterīs mittit, nē interceptā epistolā nostra ab
5 hostibus cōnsilia cognōscantur. 'Sī adīre nōn possit',
monet 'ut trāgulam cum epistolā ad ammentum dēligātā
6 intrā mūnītiōnem castrōrum abiciat'. In litterīs scrībit 'sē
cum legiōnibus profectum celeriter affore'; hortātur 'ut
prīstinam virtūtem retineat!'

7 Gallus perīculum veritus, ut erat praeceptum, trāgulam
8 mittit. Haec cāsū ad turrim adhaesit, neque ab nostrīs
bīduō animadversa tertiō diē ā quōdam mīlite cōnspicitur;
9 dēmpta ad Cicerōnem dēfertur. Ille perlēctam in con-
ventū mīlitum recitat, māximāque omnēs laetitiā affīcit.
10 Tum fūmī incendiōrum procul vidēbantur, quae rēs
omnem dubitātiōnem adventūs legiōnum expulit.

49 Gallī, rē cognitā per explōrātōrēs, obsidiōnem re-
linquunt, ad Caesarem omnibus cōpiīs contendunt. Haec
erant armāta circiter mīlia LX.

2 Cicerō, dātā facultāte, Gallum ab eōdem Verticōne
quem suprā dēmōnstrāvimus repetit, quī litterās ad
Caesarem dēferat. Hunc admonet 'iter cautē dīligenterque
3 faciat'. Perscrībit in litterīs 'hostēs ab sē discessisse
omnemque ad eum multitūdinem convertisse'.

etsī *ab* opīniōne (: spē) trium
legiōnum dēiectus ad duās
redierat (: reductus erat)
ūnum : sōlum

epistola -ae *f* = epistula

cōn-scrībere = scrībere

"sī adīre nōn pot*es*, trāgulam
cum epistolā... abic*e!*"

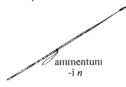

ammentum
-ī *n*

cāsū : forte
ad-haerēre -sisse -sum = fīgī;
adhaesit = fīxa est

dēmere -psisse -ptum = deorsum
sūmere; dēmpta *epistola*
per-legere
conventus -ūs < convenīre; c.
mīlitum = mīlitēs convocātī
fūmus -ī *m:* quod ex igne oritur
velut nūbēs ātra
dubitātiō -ōnis *f* < dubitāre

rē cognitā : adventū Caesaris
cognitō
cum omnibus cōpiīs

Gallum *servum*
suprā: cap. 45.2
re-petere = iterum petere

ad-monēre = monēre; admonet
ut iter... faciat
"hostēs ā *mē* discess*ērunt* omnemque ad *tē* multitūdinem
convert*ērunt*"

73

quibus litterīs... allātīs, Caesar...

(animō) cōn-fīrmāre = fīrmum (validum/fortem) facere

Quibus litterīs circiter mediā nocte Caesar allātīs suōs 4 facit certiōrēs eōsque ad dīmicandum animō cōnfīrmat. Posterō diē lūce prīmā movet castra et circiter mīlia 5 passuum quattuor prōgressus trāns vallem et rīvum multitūdinem hostium cōnspicātur.

rēs magnī perīculī = rēs perīculōsa

re-mittere dē celeritāte = minuere celeritātem, cessāre (locus) aequus ↔ inīquus

: praesertim cum nūlla impedīmenta habērent contrahit : minōra facit

in contemptiōnem hostibus (*dat*) venīre = contemnī ab hostibus

vallēs -is *f* = vallis

Erat magnī perīculī rēs tantulīs cōpiīs inīquō locō 6 dīmicāre. Tum, quoniam obsidiōne līberātum Cicerōnem sciēbat, aequō animō remittendum dē celeritāte exīstimābat. Cōnsēdit et quam aequissimō locō potest castra com- 7 mūnit, atque haec – etsī erant exigua per sē, vix hominum mīlium septem, praesertim nūllīs cum impedīmentīs – tamen angustiīs viārum quam māximē potest contrahit eō cōnsiliō ut in summam contemptiōnem hostibus veniat. Interim speculātōribus in omnēs partēs dīmissīs explōrat 8 quō commodissimē itinere vallēs trānsīrī possit.

parvulus = valdē parvus ad aquam : ad rīvum utrīque *pl:* et Rōmānī et Gallī

Caesar *sē suō locō continet* ut citrā vallem... contenderet, sī forte timōris simulātiōne (: timōrem simulandō) hostēs in suum locum ēlicere posset ē-licere = ē locō ad sē allicere

Eō diē parvulīs equestribus proeliīs ad aquam factīs, **50** utrīque sēsē suō locō continent: Gallī, quod ampliōrēs 2 cōpiās, quae nōndum convēnerant, exspectābant; Caesar, 3 sī forte timōris simulātiōne hostēs in suum locum ēlicere posset, ut citrā vallem prō castrīs proeliō contenderet – sī id efficere nōn posset, ut explōrātīs itineribus minōre cum perīculō vallem rīvumque trānsīret.

Prīmā lūce hostium equitātus ad castra accēdit proe- 4 liumque cum nostrīs equitibus committit. Caesar cōnsultō 5 equitēs cēdere sēque in castra recipere iubet. Simul ex omnibus partibus castra altiōre vāllō mūnīrī portāsque

ob-struere -ūxisse -ūctum = rē obiectā claudere

obstruī atque in hīs administrandīs rēbus quam māximē concursārī et cum simulātiōne agī timōris iubet.

51 Quibus omnibus rēbus hostēs invītātī cōpiās trādūcunt aciemque inīquō locō cōnstituunt, nostrīs vērō etiam dē vāllō dēductīs propius accēdunt et tēla intrā mūnītiōnem

2 ex omnibus partibus coniciunt, praecōnibusque circummissīs prōnūntiārī iubent 'seu quis Gallus seu Rōmānus velit ante hōram tertiam ad sē trānsīre, sine perīculō

3 licēre − post id tempus nōn fore potestātem'. Ac sīc nostrōs contempsērunt ut, obstrūctīs in speciem portīs singulīs ōrdinibus caespitum, quod eā nōn posse intrōrumpere vidēbantur, aliī vāllum manū scindere, aliī fossās complēre inciperent.

praecō -ōnis *m* = quī magnā vōce nūntiōs pūblicōs prōnūntiat circum-mittere
"seu (= sīve) quis (= *ali*quis) G. seu R. *vult* ... ad *nōs* trānsīre, sine perīculō lice*t* − post id tempus nōn *erit* potest*ās* (: facult*ās*)"
speciēs -ēī *f* = quod vidētur; (porta) in speciem obstrūcta = quae obstrūcta esse vidētur
eā *adv* = eā viā (: per portās)
intrō-rumpere = irrumpere; nōn posse i. *sibi* vidēbantur = sē nōn posse i. exīstimābant

4 Tum Caesar, omnibus portīs ēruptiōne factā equitātūque ēmissō, hostēs in fugam dat, sīc utī omnīnō pugnandī causā resisteret nēmō, magnumque ex eīs numerum occīdit atque omnēs armīs exuit.

ex-uere -uisse -ūtum ↔ induere; omnēs armīs (*abl*) exuit = omnēs arma abicere cōgit

52 Longius prōsequī veritus, quod silvae palūdēsque intercēdēbant neque etiam parvulō dētrīmentō illōrum locum relinquī vidēbat, omnibus suīs incolumibus cōpiīs eōdem

: neque etiam parvulī dētrīmentī illīs faciendī locum (: facultātem) *sibi* relinquī vidēbat

2 diē ad Cicerōnem pervēnit. Īnstitūtās turrēs, testūdinēs, mūnītiōnēsque hostium admīrātur. Legiōne prōductā, cognōscit nōn decimum quemque esse reliquum mīlitem

prō-dūcere

3 sine vulnere. Ex eīs omnibus iūdicat rēbus quantō cum perīculō et quantā cum virtūte rēs sint administrātae.

ex eīs omnibus rēbus

4 Cicerōnem prō eius meritō legiōnemque collaudat. Centuriōnēs singillātim tribūnōsque mīlitum appellat, quōrum ēgregiam fuisse virtūtem testimōniō Cicerōnis cognōverat. Dē cāsū Sabīnī et Cottae certius ex captīvīs cognōscit.

singillātim *adv* : singulōs

cōntiō -ōnis *f* = conventus mīlitum

temeritās -ātis *f* < temere
lēgātī : Sabīnī
ferendum *esse*
ex-piāre = piē agendō iniūriam tollere (excūsāre)
diūtinus -a -um = diū manēns
laetātiō -ōnis *f* < laetārī

eō : ad hiberna Cicerōnis

ad portās castrōrum *Labiēnī*
orerētur *coni imperf* = orīrētur
grātulātiō -ōnis *f* < *grātulārī*
↔ cōnsōlārī

pro-fugere ↔ re-fugere

trīnī -ae -a (+ *plūrāle tantum*)
= III
ex-sistere -stitisse

illō incommodō perlātō : fāmā
dē illō incommodō perlātā
cōnsultāre = cōnsilium capere

(locus) dēsertus (*part perf* < dēserere) = sōlus, sine incolīs

Posterō diē cōntiōne habitā rem gestam prōpōnit; 5
mīlitēs cōnsōlātur et cōnfīrmat: 'quod dētrīmentum culpā 6
et temeritāte lēgātī sit acceptum, hōc aequiōre animō
ferendum' docet 'quod, beneficiō deōrum immortālium et
virtūte eōrum expiātō incommodō, neque hostibus diūtina
laetātiō neque ipsīs longior dolor relinquātur'.

Interim ad Labiēnum per Rēmōs incrēdibilī celeritāte 53
dē victōriā Caesaris fāma perfertur: ut, cum ab hībernīs
Cicerōnis mīlia passuum abesset circiter LX eōque post
hōram nōnam diēī Caesar pervēnisset, ante mediam noctem ad portās castrōrum clāmor orerētur, quō clāmōre
significātiō victōriae grātulātiōque ab Rēmīs Labiēnō
fieret.

Hāc fāmā ad Trēverōs perlātā, Indutiomārus, quī 2
posterō diē castra Labiēnī oppugnāre dēcrēverat, noctū
profugit cōpiāsque omnēs in Trēverōs redūcit.

Caesar Fabium cum suā legiōne remittit in hīberna, ipse 3
cum tribus legiōnibus circum Samarobrīvam trīnīs hiber-
nīs hiemāre cōnstituit et, quod tantī mōtūs Galliae ex-
stiterant, tōtam hiemem ipse ad exercitum manēre dēcrē-
vit. Nam illō incommodō dē Sabīnī morte perlātō, omnēs 4
ferē Galliae cīvitātēs dē bellō cōnsultābant, nūntiōs
lēgātiōnēsque in omnēs partēs dīmittēbant et quid reliquī
cōnsiliī caperent atque unde initium bellī fieret explōrā-
bant, nocturnaque in locīs dēsertīs concilia habēbant.

P
Padus -ī *m,* flūmen V.24.4
Petrosidius, L. V.37.5
Pirustae -ārum *m pl* V.1.5,7
Pīsō -ōnis, Aquitānus IV.12.4
Pīsō -ōnis, L., lēgātus L. Cassiī annō 107 a.C. I.12.7
Pīsō -ōnis, L. **Calpurnius,** cōs. annō 58 a.C. pāg.4; I.12.7
Pīsō -ōnis, M. **Pūpius** pāg.4; I.2.1
Plancus, L. Mūnātius V.24.3; V. 25.4
Pleumoxiī -ōrum *m pl* V.39.1
Pompēius, Cn. , cōs. annō 70 et 55 a.C. IV.1.1
Pompēius, Cn., interpres V.36.1
Prōvincia, Gallia I.1.3; I.7.2,3,4; I.8.1,3; I.10.1,2,5; I.15.1
Pullō -ōnis, T. V.44.1,3,6,7,10,12
Pūpius Pīsō, M. pāg.4; I.2.1
Pȳrēnaeus -ī *m,* mōns pāg. 4
R
Rauricī -ōrum *m pl* I.5.4; I.29.2
Rēmī -ōrum *m pl* V.3.4; V.24.2; V.53.1
Rhēnus -ī *m,* flūmen Eutr.17.3; Līv. 105; I.1.3; I.2.3; I.5.4; I.27.4; I.28. 4; IV.1.1; IV.3.3; IV.4.1,3, 6,7; IV. 6.3; IV.10.1.2; IV.14.5; IV.15.2; IV.1,2,4,6; IV.17.1; IV.19.4; V.3.1, 4; V.24.4; V.27.8; V.29.3; V.41.3
Rhodanus -ī *m,* flūmen Eutr.17.3; I. 2.3; I.6.1,2,3; I.8.1,4; I.10.5; I.11.5;

I.11.1
Rōmānī -ōrum *m pl* Eutr.17.2. ..;
Rōmānus -a -um I.6.3 ...
Rōscius, L. V.24.2,7
S
Sabīnus, Q. Titūrius IV.22.5; V.24. 5; V.26.1 .....
Samarobrīva -ae *f,* oppidum V.24. 2; V.47.2; V.53.3
Santonī -ōrum/-um *m pl* I.10.1; I.11.6
Segontiacī -ōrum *m pl* V.21.1
Segovāx -ācis *m* V.22.1
Segūsiāvī -ōrum *m pl* I.10.5
Sēquana -ae *m,* flūmen I.1.2
Sēquanī -ōrum *m pl* Līv.104; I.2.3; I.6.1; I.8.1; I.9.1,2,3,4; I.10.1; I.11. 1; IV.10.3
Suēbī -ōrum *m pl* IV.1.2,3; IV.3.2,4; IV.4.1; IV.7.5; IV.16.5; IV.19.1,2,3
Sugambrī -ōrum *m pl* IV.16.2; IV.18.2,4; IV.19.4
Sulla, L. Cornēlius I.21.4
Sulpicius Rūfus, P. IV.22.6
T
Tamesis -is *m* (*acc* -im) V.11.8; V.18.1
Tasgetius -ī *m* V.25.1,4; V.29.2
Taximagulus -ī *m* V.22.1
Tencterī -ōrum *m pl* IV.1.1; IV.4.1; IV.16.2; IV.18.4
Tigurīnī -ōrum *m pl* I.12.7; **Tigurī-nus** -a -um, pāgus I.12.4

Titūrius Sabīnus, Q. Eutr.17.3; Līv.106; IV.22.5; IV.38.3; V.24.5; V.26.1 ...
Tolōsa -ae *f,* oppidum pāg.4;
Tolōsātēs -ium *m pl* I.10.1
Trānsrhēnānī -ōrum *m pl* IV.16.5; V.2.4
Trebōnius, C. V.17.2; V.24.3
Trēverī -ōrum *m pl* Līv.106; IV.6.4; IV.10.3; V.3.3,4; V.4.1; V.24.2; V. 47. 4,5; V.53.2; *sg* **Trēver** -ī *m* V. 26.2
Tribocī -ōrum *m pl* IV.10.3
Trīnobantēs -ium *m pl* V.20.1; V.21.1; V.22.5
Tulingī -ōrum *m pl* I.5.4; I.28.3; I.29.2
U
Ūbiī -ōrum *m pl* IV.3.3; IV.8.3; 4.11.2; IV.19.1,4
Ūsipetēs -um *m pl* IV.1.1; IV.4.1; IV.16.2; IV.18.4
V
Vacalus -ī *m,* fluvius IV.10.1
Venetī -ōrum *m pl* Līv.104; **Vene-ticus** -a -um IV.21.4
Verbigenus, pāgus I.27.4
Verticō -ōnis *m* V.45.2; V.49.2
Verucloetius -ī *m* I.7.4
Vocontiī -ōrum *m pl* I.10.5
Volusēnus -ī *m* IV.21.1,9; IV.23.5
Vorēnus, L. V.44.1,3,5,9,11
Vosegus -ī *m,* mōns IV.10.1

captus -ūs m IV.3.3
caput (fluviī) IV.10.5; capita I.29.2; IV.15.3
carrus -ī m I.3.1; I.6.1; I.24.4; I.26.1,3; IV.14.4
casa -ae f V.43.1
castellum -ī n I.8.2
cāsus -ūs m IV.31.2; V.30.3; V.33.4; V.44.8; V.52.4; cāsū I.12.6; V.48.8
causa -ae f IV.4.1
celeritās -ātis f IV.14.2; IV.35.1; V. 1.2; V.18.5; V.29.6; V.39.4; V.40. 2; V.48.1; V.49.6; V.53.1
cēnsus -ūs m I.29.3
centēnī -ae -a (V.13.7)
centuria -ae f (V.28.3)
centuriō -ōnis m V.28.3; V.37.1; V. 43.6 ; V.44.1; V.52.4
certiōrem facere I.11.4; V.37.7; V. 49.4; pass certior fierī I.7.3; I.12.2; I.21.1; IV.4.6,7; IV.5.1; V.25.5; V.47.1
cibāria -ōrum n pl I.5.3
circu(m)-īre (I.21.1); V.2.2
circu-itus -ūs m, in -ū I.21.1; V.13.7; V.42.4
circum-cīdere V.42.3
circum-mittere V.51.2
circum-sistere -stetisse IV.5.2; IV. 26.3; IV.37.1; V.44.8
circum-spicere V.31.4
circum-venīre Līv.106; I.25.6; IV. 12.6; V.35.3,7; V.37.2; V.39.3; V.44.12
cis praep +acc IV.4.3
citātus -a -um IV.10.3
citerior -ius (Gallia) I.10.5; I.24.3
citus -a -um, adv citō (IV. 5.0); (IV. 10.3); sup citissimē IV.33.3
cīvitās -ātis f I.2.1; I.3.1; I.7.3; I.9. 3; I.10.1; I.12.4,6; IV.3.1,3,4 ...
clādēs -is f (V.31.4)
clam IV.4.4; IV.30.3; V.42.2
clāmitāre V.29.1
clārus -a -um (Brūt.0); vōx V.30.1
cliēns -entis m IV.6.4; V.39.3
coāctū +gen V.27.3
co-emere I.3.1
coeptum esse +īnf pass IV.18.1,4
cōgere coēgisse coāctum I.15.1; IV. 22.3; IV.34.6; V.3.4; V.22.1; V.39. 1; V.40.3
cognitus -a -um Eutr.17.3
co-hortārī I.25.1; IV.25.5; V.33.2; V.36.1
col-laudāre V.2.3; V.52.4
col-ligāre I.25.3
col-ligere -lēgisse -lēctum V.46.5; sē V.17.4

col-locāre I.24.3; I.28.5; IV.33.2; V. 15.3; V.23.5; V.24.1,3,8; īnsidiās V.32.1
comb-ūrere -ussisse -ustum I.5.3
com-meāre I.1.3
commeātus -ūs m IV.30.2; V.23.2,4
com-mendāre IV.27.7
commentārius -ī m Brūt.262
comminus adv V.44.11
com-mittere V.35.5; proelium I.15.2; I.22.3; I.23.3; I.25.1; IV.13.5; IV. 14.4; IV.34.2; IV.35.2; V.9.3; V. 32.2; V. 50.4; +dat IV.5.1; IV.21.9
commodum -ī n: -ō +gen V.46.4
commodus -a -um V.2.3; V.11.5; adv -ē I.25.3; IV.31.3; sup -issimē V.49.8
com-movēre I.13.2
commūnicāre IV.13.4; V.36.3
com-mūnīre I.8.2; V.49.7
com-mūtāre I.23.3
commūtātiō -ōnis f V.1.2; V.8.3
com-parāre I.3.1; I.6.4; IV.7.1; IV. 31.2; V.4.1; V.40.6; fugam IV.18. 4
com-pellere -pulisse -pulsum V.15. 1; V.19.1
comperīre -erisse -ertum I.22.1; IV. 19.2,4
com-portāre IV.18.1; IV.31.2; V.26. 2; V.40.2
com-prehendere IV.27.3; V.21.6; V. 25.4; V.31.1; ignem V.43.2
cōnātus -ūs m I.8.4
con-cēdere I.7.4; I.28.5; IV.7.5; IV. 15.5
con-cidere -disse V.44.11
con-cidere -disse -sum I.12.3
concilium -ī n IV.19.2; V.2.4; V.24. 1; V.53.4
con-citāre V.26.2; V.38.2
con-clāmāre V.26.4; V.37.3
con-currere (I.8.4); V.39.3
concursāre V.33.1; V.50.5
con-cursus -ūs m I.8.4; IV.14.3; V. 10.3; V.40.7; nāvium V.10.3
con-dere -didisse -ditum (pāg. 4); Eutr.17.1
condiciō -ōnis f I.28.5; IV.11.3
con-dūcere V.27.8
cōn-fectus -a -um +abl V.45.1
cōn-ferre con-tulisse col-lātum I.24. 3,4; I.27.4; IV.31.2; sē I.26.1
cōnfertus -a -um I.24.4; IV.32.3; V. 16.4; V.35.4; V.44.4
cōnfestim IV.32.2; V.18.4; V.39.1; V.40.1; V.44.10
cōn-fīdere -fīsum esse V.17.3; +acc +īnf I.23.3; IV.30.2; V.27.4;

V.39.4
cōn-fīnium -ī n V.24.2
cōn-firmāre I.3.1,2; IV.6.5; IV.28.1; V.49.4; +acc+īnf V.3.3; V.27.10; V.52.5
cōn-flagrāre V.43.4
cōnflīctāre V.35.5
cōn-flīgere -xisse -ctum V.15.1; V.19.2
cōnfluēns -entis m IV.15.2
cōn-fluere (IV.15.2)
con-gredī -ior -gressum IV.11.1
con-icere -iō -iēcisse -iectum I.26.3; IV.24.3; IV.26.3; IV.32.3; V.35.4; V. 43.7; V.44.6; V.51.1; in fugam IV.12. 2; in vincula IV.27.3; culpam in IV.27.4
con-iūrātiō -ōnis f I.2.1; IV.30.3; V.27.4
con-quīrere I.27.4; I.28.1
cōnsanguineus -a -um; m I.11.4
cōn-scrībere, mīlitēs I.10.3; I.24.3; V.24.4; litterās V.48.4
cōnsectārī IV.14.5
cōn-sentīre V.29.6
cōn-sequī IV.13.3; IV.26.5; V.23.6
cōn-sīdere I.21.1; IV.8.3; V.9.1; V.47.5; V.49.7
cōnsilium -ī n IV.21.7; c. habēre IV.14. 2; c.ō I.12.6; V.1.7, V.11.8; c. (mīlitāre) V.28.2
cōn-similis -e V.12.3
cōn-sistere -stitisse I.24.3; IV.25.2; IV.34.1; V.15.4
cōnspectus -ūs m, in -ū +gen V.45.1
cōn-spicārī I.25.6; V.9.2; V.49.5
cōnstat +acc+īnf IV.29.4
cōnstīpāre, sē V.43.5
cōn-stituere I.13.3; IV.23.6; IV.24.2; IV.25.1; IV.35.1; IV.38.4; V.51.1; rēgem IV.21.7
cōn-suēscere -ēvisse I.14.7; -ēvit IV. 29.1; V.33.1; -ēvimus V.1.2; -ēvē-runt IV.24.1; V.21.3; -ēverat I.22.5; IV.6.1; V.1.1; V.27.1; -ēverant IV.24.4; -ēverint I.14.7; IV.33.3; -ēvisset V.27.2
cōnsuētūdō -inis f IV.1.10; IV.5.2; IV. 6.1; IV.7.3; IV.12.2; IV.22.1; IV.32.1; V.14.1; V.41.5,7; V.42.2; ex -ine IV.32.1
cōnsul -is m (pāg. 4); Eutr.17.1; I.2. 1; I.6.4; I.7.4; I.12.5; IV.1.1; V.1.1
cōn-sulere -uisse -sultum V.29.1; +dat V.3.5; V.27.7,11
cōnsultāre V.53.4
cōnsultō adv V.16.2; V.37.2; V.50.5
cōn-surgere V.31.1
contabulāre V.40.6

80

contemptiō -ōnis f V.29.2; V.49.7
con-tendere I.1.4; I.7.1; I.10.3; I. 21.
3; I.27.4; IV.7.3; IV.17.2; IV.18.2;
IV.37.1; V.3.2; V.8.3; V.9.1; V.16.
2; V.44.2; V.49.1; V.50.3; vī c. IV.
4.4; +īnf I.23.1; IV.20.1; V. 21.4;
V.17.5
contentiō -ōnis f V.19.1; V.44.13
con-testārī IV.25.3
continēns -entis adi V.11.9
continēns -entis f (abl -ī) IV.27.5;
IV.28.3; IV.31.2; IV.36.2,3; V.2.3;
V.8.1,2; V.11.3; V.13.4; V.20.1:
V.22.4; V.23.4
continenter adv I.1.3; I.26.5
con-tinēre I.2.3; I.15.4; IV.23.3; IV.
34.2,4; V.3.6; V.24.7; sē V.44.5;
V.50.1
con-tingere -tigisse -tāctum V.43.6
continuus -a-um IV.34.4; V.13.3
cōntiō -ōnis f V.52.5
contrā atque IV.13.5
con-trahere, nāvēs IV.22.3; castra V.
49.7
contrōversia -ae f V.26.4; V.28.2;
V.44.2,3
contumēlia -ae f V.29.4
convallis -is f V.32.2
con-venīre +acc I.27.2
conventus -ūs m V.1.5; V.2.1; V.
48.9
co-orīrī IV.28.2; V.10.2; V.43.1
cōpia: c.am facere I.28.3
cōpiae -ārum f pl I.11.1; I.12.2; I.13.
1; I.22.3; I.24.1; I.26.6; IV.13.2,6;
IV.14.2; IV.21.3; IV.24.1; V.3.1;
V.9.1,2; V.11.7,8; V.17.5; V.18.2;
V.19.1; V.22.1; V.27.4; V.28.4; V.
40.3; V.47.4,5; V.49.1,6; V.50.2;
V.51.1; V.52.1; V.53.2
cōpiōsus -a -um I.23.1
cōram adv V.11.2
cōs. = cōnsul (pāg. 4,6); (I.7.4; I.12.
7; I.21.4)
cotīdiānus -a -um I.1.4; IV.2.2;
IV.33.3; V.34.4
crātis -is f V.40.6
crēber -bra -brum V.1.2; V.9.4; V.
45.1; sup -errimus V.12.3
cruciātus -ūs m IV.15.5; V.45.1
culpa -ae f IV.27.4; V.52.6
cultūra -ae f, agrī IV.1.2,6
cultus -ūs m I.1.3
-cum, quibus-cum I.1.3
cūnctārī IV.25.3
cūrāre +acc+ger I.13.1; IV.29.2; V.
1.1; V.23.4
cursus -ūs m IV.35.3; V.8.4; V.13.3
cūstōdia -ae f IV.4.4

D

dē III vigiliā I.12.2; I.21.2,3; V.9.1
dē-cēdere V.43.4
decem et octō IV.19.4
dē-cernere -crēvisse -crētum Eutr.17.
1; IV.17.1; IV.38.5; V.5.4; V.53.2,3
dē-certāre IV.19.3
dēclīvis -e IV.33.3
decuria -ae f (I.23.2)
decuriō -ōnis m I.23.2
decus -oris n (IV.25.5)
dē-decus -oris n IV.25.5
dē-dere (I.27.1); IV.16.3; sē V.20.1;
V.21.1
dēditīcius -a -um I.27.4
dēditiō -ōnis f I.27.1; V.22.3; in -em
accipere I.28.2
dē-dūcere V.30.3; V.14.5; V.27.9;
V.31.1; V.51.1; nāvem V.2.2; V.
23.2
dēfectiō -ōnis f V.22.3; V.26.1
dēfēnsor -ōris m V.45.1
dē-ferre IV.27.3; IV.36.4; V.8.2; V.
25.3; V.28.1,2; V.45.3; V.48.3,8
dē-fessus -a -um I.25.5
dēfētīgātus -a -um V.16.4
dē-ficere -iō -fēcisse -fectum IV.20.
2; Līv.106; V.3.3; V.25.4; V.33.1
dē-fīgere V.18.3; V.44.7
dē-fluere IV.10.4
dē-fōrmis -e IV.2.2
dē-icere -iō -iēcisse -iectum I.8.4; IV.
12.2,5; IV.28.2; V.44.11; V.48.1
deinceps IV.16.4; V.40.4
dē-līberāre IV.7.5; IV.9.1
dē-ligāre IV.29.2; V.9.1; V.48.5
dē-ligere -lēgisse -lēctum IV.7.1;
IV.19.3; V.11.3
dē-litēscere -tuisse IV.32.4
dē-mēns -entis adi (IV.13.2)
dēmentia -ae f IV.13.2
dēmere -mpsisse -mptum V.48.8
dē-metere, –, -messum IV.32.4
dē-migrāre IV.4.3; IV.19.2; V.43.4
dē-mittere sē V.32.2
dē-mōnstrāre (verbīs) I.11.5; IV.27.
2; IV.28.1; IV.34.5; V.1.7,8; V.2.2;
V.19.1; V.22.1; V.38.3; V.49.2; dē
IV.28.1
dēnsus -a -um IV.38.3
dē-perīre V.23.2
dē-pōnere IV.19.2; IV.32.5; V.19.1
dē-populārī/-āre I.11.4
dē-precārī (I.9.2); IV.7.3
dēprecātor -ōris m I.9.2
dē-prehendere V.45.1
dēsertus -a -um V.53.4
dēscendere, ad cōnsilium V.29.5
dēsīderāre +acc+īnf IV.2.1; pass

V.23.3
dē-sistere +abl IV.12.2
dēspērātiō -ōnis f V.33.5
dē-stringere -īnxisse -ictum I.25.2
dētrīmentum -ī n V.22.3; V.52.1,6
dē-turbāre V.43.7
dē-vehere V.47.2
diēs -ēī f, I.7.5; I.8.3; in diēs V.45.1
dif-ferre I.1.2; V.14.1
dif-ferre dis-tulisse dī-lātum V.43.2
difficultās -ātis f IV.17.2; IV.24.2
dif-fīdere V.41.5
dignitās -ātis f IV.17.1
dī-iūdicāre V.44.13
dīmicāre V.16.1,2; V.49.4,6
dīmidium -ī n; -ō minor V.13.2
dī-mittere IV.19.2; IV.34.5; V.39.1;
V. 49.8; V.53.4; rīpās V.18.5;
occāsiōnem V.38.2
discēdere, ab armīs V.41.8
dis-cessus -ūs m IV.4.6; IV.14.2;
V.3.6
disciplīna -ae f IV.1.9
dis-icere -iō -iēcisse -iectum I.25.2
dis-pār -paris V.16.2
di-spergere -sisse -sum IV.32.5
dis-pōnere I.8.2; IV.4.3; V.16.4;
V.33.1
dis-putāre (Brūt.0)
disputātiō -ōnis f V.30.1; V.31.3
dissēnsiō -ōnis f V.31.1,2
dis-sentīre V.29.7
dis-simulāre IV.6.5
dis-tribuere V.24.1,6; +dat IV.22.
3,4
dītissimus -a -um I.2.1
diūtinus -a -um V.52.6
docēre +acc+īnf V.1.7; V.28.4;
V.47.5; V.52.6
dolus -ī m (IV.11.0); IV.13.1
domāre Eutr.17.3; Līv.103,105
domesticus -a -um V.9.4
dubitāre V.44.3
dubitātiō -ōnis f V.48.10
dūcere + acc+īnf I.3.2; IV.30.2
dum +coni I.7.5; I.11.6; V.13.2;
IV.23.4
duodēnī -ae -a V.14.4
duplex -icis adi (IV.36.2)
duplicāre IV.36.2
dūrum esse V.29.6

E

eā adv V.51.3
ē-dūcere I.10.3; IV.1.4; V.27.9;
V.47.5; +abl IV.13.6
ef-fēmināre I.1.3; IV.2.6
ef-ferre I.5.3; V.45.4; efferrī
(victōriā) V.47.5
ef-fugere +acc IV.35.1

81

ē-gredī -ior -gressum I.27.4; IV.27.3; V.35.3; V.37.4

ēgressus -ūs *m* V.8.3

eī = iī IV.12.1; IV.32.1; V.22.2

ē-icere -iō -iēcisse -iectum IV.7.3; V.10.2; sē IV.15.1; V.15.3; V.19.2; V.21.5

eius-modī V.27.3; V.29.5; V.33.4

ē-lābī -lāpsum V.37.7

ē-licere -iō -uisse -itum V.50.3

ē-mittere I.25.4; V.19.2; V.26.3

eō + *comp,* eō magis I.23.3; V.1.2; eō minus V.9.1

eō *adv:* eō quod I.23.3; eō ut IV.2.1

eō-dem *adv* IV.11.4; IV.28.2; V.5.3; V.11.7

ephippiātus -a -um IV.2.5

ephippium -ī *n* IV.2.4

epistola -ae *f* V.48.3,4,5

eques, Rōmānus V.27.1

equester -tris -tre IV.2.3; V.26.3; V.50.1

~ēre = ~ērunt I.25.6

errāre (= fallī) V.41.5

ēruptiō -ōnis *f* V.22.2; V.51.4

essedārius -ī *m* IV.24.1; V.15.1; V.19.1,2

essedum -ī *n* (IV.24.1); IV.32.5; IV.33.1; V.9.3; V.16.2; V.17.4

ē-vellere I.25.3

ē-venīre IV.25.3

ēventus -ūs IV.31.1; V.43.5

ē-vocāre IV.6.5; V.4.2

ex-agitāre V.1.2

exāmināre V.12.4

ex-animāre V.44.6

ex-cēdere (+ *abl*) IV.12.6; IV.14.5; IV.18.4; IV.33.2; V.19.1; V.35.1; V.36.3

ex-cipere V.16.4

ex-citāre V.40.2

ex-clūdere -sisse -sum V.23.5

exemplum -ī *n* I.8.3

exercitāre (IV.1.9)

exercitātiō -ōnis *f* IV.1.9; IV.2.2; IV.33.3; V.34.4

exiguitās -ātis *f* IV.1.10; IV.30.1

exīstimātiō -ōnis *f* V.44.5

expedītiō -ōnis *f* V.10.1

ex-pedītus -a -um I.6.2; IV.24.3; IV.25.1; IV.33.2; V.2.4

ex-pellere -pulisse -pulsum (+ *abl*) Līv.104; IV.3.4; IV.4.1; IV.34.5; V.9.6; V.48.10

ex-perīrī -pertum IV.3.4; IV.4.4

ex-piāre V.52.6

ex-plōrāre V.21.2; V.49.8; V.50.3; V.53.4

explōrātor -ōris *m* I.12.2; I.21.1,4;

I.22.4; IV.4.6; IV.19.2; V.49.1

explōrātus -a -um V.43.3

ex-pōnere IV.23.2; IV.37.1; V.9.1; V.23.4

ex-portāre IV.18.4

ex-sistere -stitisse V.28.2; V.53.3

ex-stāre V.18.5

ex-stinguere -īnxisse -īnctum V.29.4

ex-trahere V.22.4

extrēmus -a -um I.6.3; I.10.5; V.10. 2; ad extrēmum IV.4.1

ex-uere uisse -ūtum, armīs V.51.4

ex-ūrere -ussisse -ustum I.5.4

F

factū *supīnum* IV.30.2

facultās -ātis *f* I.7.4; IV.21.9; IV.22.2; IV.29.2; IV.34.5; V.17.4; V.40.5; V.44. 6; V.49.2

fāgus -ī *f* V.12.5

falx -cis *f* V.42.5

familiāris -is *m f* (V.3.5.); V.27.1

familiāritās -ātis *f* V.3.5

fās *n indēcl* V.12.6

femur -oris/-inis *n* V.35.6

ferrāmenta -ōrum *n pl* V.42.3

ferre: ut fert opīniō V.13.5

fervē-facere V.43.1

fervēns -entis V.43.1

fidēs -eī *f,* -em facere IV.11.3; V.36. 2; V.41.4; -em sequī IV.21.8; V.20. 1; in -em recipere IV.22.2; -eī permittere V.3.7; -em praestāre V.45.2

figūra -ae *f* IV.25.2

fīnēs I.1.4; I.2.1; I.6.2,3; I.8.1; I.9. 4;I.10.1,5; I.11.1; I.12.1; I.26.5; I. 27.4; I.28.1,3,4,5.....

fingere finxisse fictum; ficta -ōrum *n pl* IV.5.3

finīre IV.16.4

fīnitimus -a -um (+ *dat*) I.10.2; I.28. 4; IV.21.4; V.1.5; V.38.1; *m pl* I.2.4; I.5.4; V.27.2,9

fīrmus -a -um (IV.6.5); IV.18.2; V.20.1; *adv* -iter IV.26.1

flamma -ae *f* V.43.4,6

flētus -ūs *m* V.33.6

flōrēre IV.3.3

fore IV.6.2,3; IV.20.2; IV.31.1; IV.35.1

fortitūdō -inis *f* I.2.5

fortūnae -ārum *f pl* I.11.6; V.3.7; V. 43.4

fremitus -ūs *m* IV.14.3; V.32.1

frequēns, quam freqentissimī IV.11.5

frūmentārī IV.9.3; IV.12.1; IV.16.2; IV.32.1

frūmentārius -a -um I.10.2; V.24.6; rēs I.23.1,3; IV.7.1; V.8.1; V.28.6

fuga -ae *f,* in -am dare IV.26.5; V.

51.4

fugitīvus -ī *m* I.23.2

fūmus -ī *m* V.48.10

funda -ae *f* IV.25.1; V.35.8; V.43.1

fundere fūdisse fūsum Līv.106

fūnis -is *m* IV.29.3; V.10.2

fūsilis -e V.43.1

G

gallīna -ae *f* V.12.6

gaudēre gavīsum IV.13.6

genus -eris *n* IV.12.4

gerere, rem V.44.11; rēs gesta V.47. 5; V.52.5; *pl* V.37.7

glāns -andis *f* V.43.1

grātia -ae *f* I.9.3

grātulārī (V.53.1)

grātulātiō -ōnis *f* V.53.1

gravitās -ātis *f* IV.3.4; V.16.1

H

habēre, magnī IV.21.7

hīberna -ōrum *n pl* I.10.3; IV.38.4; V.1.1; V.2.2; V.24.1,7; V.25.5; V. 26.1,2; V.27.5,9,11; V.28.3,4,6; V.29.1; V.37.7; V.39.1; V.41.3,5; V.42.1; V.46.1,5; V.47.4,5; V.53.3

hiemāre I.10.3; IV.29.4; V.22.4; V. 24.2; V.25.4; V.38.4; V.53.3

historia -ae *f* Brūt.262

hōc *abl* + *comp* I.2.3; IV.30.1; V.52.6

honestus -a -um V.45.2

honōs -ōris *m* (V.45.2)

horridus -a -um V.14.3

hospitium -ī *n* V.27.7

hūmānitās -ātis *f* I.1.3

hūmānus -a -um IV.3.3; V.14.1

humilis -e IV.3.4; V.28.1

humilitās -ātis *f* V.1.3; V.27.4

I

iaculum -ī *n* V.43.1; V.45.4

ictus -ūs *m* I.25.3

idcircō V.3.6

-ier-= -īver- IV.5.2; V.41.8

-iērunt = -īvērunt IV.9.1; IV.28.3; V.21.3; V.28.1

ignōbilis -e V.28.1

ignōscere IV.27.4,5

-iit = -īvit I.28.1

il-ligāre V.45.4

illō *adv* IV.11.4; IV.20.3

illūstris -e Brūt.262

immānis -e Eutr.17.3; IV.1.9

im-mittere V.44.6

impedīmenta -ōrum *n pl* I.24.4; I.26. 1,3,4; IV.14.4; IV.30.1; V.31.6; V. 33.3,6; V.43.4; V.47.2

impedīmentum -ī *n* I.25.3

impedīre (I.12.3); (I.25.3)

impedītus -a -um I.12.3; I.25.3; IV.

24.2; IV.26.2; V.44.8; locus V.19.
1; V.21.3
im-pellere -pulisse -pulsum IV.16.1;
V.26.2
im-pendēre I.6.1
impēnsus -a -um IV.2.2
imperāre Eutr.17.1; +acc (+dat) I.
7.2,5; IV.6.5; IV.22.2; IV.27.5; IV.
36.2; V.1.6,8; V.20.3; V.22.4;
+acc+īnf V.1.3
imperātum -ī n V.20.1,4; V.37.1
im-perītus -a -um (+gen) IV.22.1;
IV.24.4; V.27.4
impetrāre I.9.2,4; IV.9.2; IV.11.2;
IV.13.5; V.36.2,3; V.41.8
impetus -ūs m, impetū V.18.5
im-portāre I.1.3; IV.2.1,2,6; V.12.4
im-prōvīsus -a -um; dē -ō V.22.1;
V.39.1
im-prūdēns -entis adi (IV.27.4);
V.15.3
imprūdentia -ae f IV.27.4,5; V.3.6
impulsū +gen V.25.4
inānis -e V.23.4
in-cendere -disse -cēnsum I.5.2; I.
28.3; IV.19.1; IV.35.3; IV.38.3
incendium -ī n V.19.3; V.48.10
in-citāre IV.12.6; IV.24.3; IV.25.1;
IV.26.2; IV.33.3; IV.14.3
incognitus -a -um IV.20.2; IV.29.1
in-colere I.1.3; (I.13.3)
in-commodus -a -um; adv -ē V.33.4
incommodum -ī n I.13.4; V.10.3; V.
35.5; V.52.6; V.53.4
in-crēdibilis -e I.12.1; V.40.2; V.53.1
in-currere (V.1.5)
incursiō -ōnis f V.1.5; V.21.3
in-dūcere, -ductus +abl I.2.1; I.27.4
indūtiae -ārum f pl IV.12.1; IV.13.5
in-ers -ertis adi IV.2.4
īn-ferre -tulisse il-lātum I.12.6; I.14.
6; V.28.5; signa I.25.7; bellum
Eutr.17.3; I.2.4; IV.7.3; IV.13.1;
IV.16.3; IV.27.5; IV.30.2; V.12.2
īn-ficere -iō -fēcisse -fectum V.14.3
īn-fīnītus -a -um V.12.3
īnfirmitās -ātis f IV.5.1; IV.13.3
īn-firmus -a -um IV.3.4; IV.36.2
īn-flectere I.25.3
īnfrā adv IV.36.4
in-gredī -ior -gressum V.9.5
in-icere -iō -iēcisse -iectum +dat
(IV.16.0); IV.19.4
inīquus -a -um V.32.2; V.49.6;
V.51.1
in-īre V.23.6; cōnsilium IV.5.3;
IV.32.2; V.27.6
in-iussū +gen V.28.3
in-opīnāns -antis adi I.12.3; IV.4.5

inquam Brūt.262
īn-scius -a -um IV.4.5
īn-sequī I.15.2; I.23.3; V 15.2; V.
16.1; V.34.4
īnsidiae -ārum f pl Eutr.17.3; Līv.
106; IV.13.1; V.32.1
īnsigne -is n I.22.2
insignis -e I.12.6
īn-sinuāre, sē IV.33.1
īn-sistere -stitisse IV.26.1; IV.33.3
īn-stabilis -e IV.23.5
īn-stāre I.25.6; V.44.11
īnstituere -uisse -ūtum I.14.7; IV.14.
1; IV.18.4; V.4.1; V.11.4; V.37.2;
V.40.6; V.52.2; +īnf V.3.4; V.23.2
īnstitūtum -ī n I.1.1; IV.20.4
īnstruere -ūxisse V.2.2; +abl V.5.2
īnstrūmentum -ī n V.31.4
īn-suēfacere IV.24.3
integer -gra -grum V.16.4
inter-cēdere I.7.5; V.11.9; V.52.1
inter-cipere -iō -cēpisse -ceptum
V.39.2; V.40.1; V.48.4
inter-clūdere -sisse -sum I.23.3; IV.
12.5; IV.30.2
inter-dīcere V.22.5
inter-diū I.8.4
inter-esse +dat IV.16.2
interior -ius V.12.1; m pl V.14.2
inter-īre V.30.3; V.38.3
interitus -ūs m V.47.4
inter-mittere I.26.5,6; I.27.4; IV.1.6;
IV.31.1; IV.34.2; V.8.2,4; V.11.6;
V.15.3,4; V.38.1; V.40.5; V.43.6
inter-pōnere IV.9.3; IV.11.4;
IV.32.1; fidem V.36.2
interpres -etis m V.36.1
intervāllum -ī n I.22.5; V.16.4
intro-īre V.43.6
introitus -ūs m V.9.4
intrō-rumpere V.51.3
intus adv V.45.2
in-ūsitātus -a -um IV.25.1,2
in-ūtilis -e IV.29.3
inveterāscere -rāvisse V.41.5
invicem V.1.5
in-vītāre IV.6.3; V.51.1
invītus -a -um I.8.2; I.9.1; IV.5.2;
IV.7.3; IV.16.4
ir-rumpere IV.14.3, V.44.4
-īsse = -iisse IV.16.2; V.27.8; V.38.
3; V.41.3
-īssent = -īvissent I.27.2; IV.13.5;
IV.27.5
-īsset = -iisset I.12.5; IV.20.2
ita: nōn ita IV.37.1; V.47.3
iter itineris n I.6.1; magnīs itineribus
I.7.1; I.10.3; V.48.2
iūdicāre I.12.1; IV.13.2; IV.22.2; V.

44.3; V.52.3
iūdicium -ī n V.27.3
iugum -ī n (I.6.4); IV.33.3; sub i.
mittere I. 7.4; I.12.5; (montis)
I.21.2; I.24.3
iūmentum -ī n I.3.1; IV.2.2; V.1.2
iūrāre (IV.11.3)
-ius comp = nimis I.15.2; IV.23.2;
V.8.2; V.15.2; V.44.11; V.46.5
iūs iūrandum IV.11.3; V.27.10
iūstitia -ae f V.41.8
L
lābī lāpsum V.3.6
labor: summī/magnī labōris IV.2.2;
V.11.5
labōrāre IV.26.4; V.44.9
labōriōsus -a -um (V.11.5; V.19.3)
lacessere I.15.3; I.23.3; IV.7.3;
IV.11.6; IV.34.2; V.17.1
laetātiō -ōnis f V.52.6
lapis -idis m V.43.7
largītiō -ōnis f I.9.3
lassitūdō -inis f IV.15.2
lassus -a -um (IV.15.2)
lātē adv I.2.4; IV.35.3; comp lātius
IV. 6.4; V.19.2; sup lātissimē IV.
3.1
lātitūdō -inis f I.2.5; IV.17.2
lēgātiō -ōnis f I.7.3; I.13.2; IV.6.3;̈
V.21.1; V.53.4
lēgātus -ī m Eutr.17.3; Līv.106; I.10
3; I.12.7; I.21.2; IV.13.4; IV.22.3,
5; IV.23.5; V.1.1; V.17.2; V.24.2,
3,5; V.35.8; V.37.7; V.38.3; V.46.
3; V.52.6
lēnis -e (I.12.1); IV.28.1; V.8.2; adv
comp lēnius V.17.1
lēnitās -ātis f I.12.1
lepus -oris m V.12.6
levāre V.27.11
levis -e V.28.7
levitās -ātis f V.34.4
līberālis -e, adv -iter IV.18.3; IV.21.6
ligāre (I.25.3)
lignārī (V.26.2)
lignātiō -ōnis f V.39.2
lignātor -ōris m V.26.2
linter -tris m I.12.1
līs lītis f V.1.9
litterae pūblicae V.47.2
locus -ī m V.35.4; V.44.3; V.52.1;
eōdem -ō habēre I.26.6; -ō nātus
V.25.1; V.45.2; -ō +gen V.5.4
longē ā I.10.1; V.47.5; longē lātēque
IV.35.3; +sup I.2.1; I.23.1; IV.1.3;
V.3.1; V.14.1; V.43.5
longinquus -a -um IV.27.6; V.29.7
longitūdō -inis f I.2.5; V.13.5,6;
V.33.3

83

longius *adv comp* IV.1.7; IV.10.2;
IV.11.1,4; V.8.2; V.19.3; V.46.5;
V.52.1
lōrīca -ae *f* V.40.6
lūx lūcis *f*, prīmā lūce I.22.1; V.23.
6; V.31.4,6; V.35.5; V.49.5; V.50.
4; ortā lūce V.8.2
M
magnī habēre IV.21.7
magnitūdō -inis *f* IV.1.9; IV.20.4;
IV.24. 2; V.3.4; V.43.2
magnopere IV.11.1; IV.16.5; IV.26.1
māiōrēs -um *m pl* I.14.7; IV.7.3; V.
25.1,2; m. nātū IV.13.4
mandāre IV.21.2; sē fugae I.12.3;
V.18.5
mandātum -ī *n* IV.27.3
manēre mānsisse IV.1.5
manus -ūs *f* V.8.6; V.26.2; V.27.8;
V.29.1; V.39.1,3; manūs dare V.
31.3
matara -ae *f* I.26.3
māteria -ae *f* IV.18.1; IV.31.2; V.
12.5; V.40.2
mātrimōnium -ī *n* I.9.3
mātūrāre I.7.1
mātūrus -a -um IV.20.1; *adv* -ē,
comp -ius IV.6.1
māximam partem *adv* IV.1.8
medērī +*dat* V.24.6
mediocris -e V.44.6
mediterrāneus -a -um V.12.4
medius -a -um I.24.2; V.3.4; V.13.3
memoria -ae *f* I.12.5; -ā prōdere V.
12.1
mēnsūra -ae *f* V.13.4
merērī dē I.11.3
merīdiānus -a -um V.8.5
meritum -ī *n* V.27.11; V.52.4
metallum -ī *n* (IV.31.2)
mētīrī mēnsum I.23.1
migrāre (IV.1.0)
mīlia -ium *n pl* (passuum) IV.14.1
missū +*gen* V.27.1
mittere (nūntiōs) IV.11.6
mōbilis -e IV.5.1
mōbilitās -ātis *f* IV.33.3
moderārī IV.33.3
molere -uisse -itum I.5.3
mollis -e, lītus V.8.2
morārī I.26.5; IV.19.1; IV.22.1; V.
21.5; V.24.8; V.47.3; +*acc* V.44.8
mōtus -ūs *m* IV.23.5; IV.25.1,2; m.
Galliae V.5.4; V.22.4; V.53.3
movēre, castra I.15.1; I.22.4; IV.9.1;
V.49.5
multus -a -um: multō diē I.22.4; ad
multam noctem I.26.3
mūnītiō -ōnis *f* (I.7.0); I.8.4; I.10.3;

V.9.5, 6,7; V.11.5; V.15.3; V.40.2;
V.42.4; V.44.3,4,12; V.48.5; V.51.
1; V. 52.2
mūrālis -e, pīlum mūrāle V.40.6
N
nancīscī nactum IV.23.1,6; IV.35.1;
IV.36.3; V.9.4
nāscī nātum V.12.4: nātus +*abl*
IV.12.4; V.25.1
nātiō -ōnis *f* IV.10.4; IV.16.7; IV.
20.4
nātū *abl* IV.13.4
nāvālis -e Līv.104; castra V.22.1
nāvigium -ī *n* IV.26.4; V.8.4
necessāriō *adv* IV.28.3; V.23.5
necessārius -ī *m* I.11.4
neglegere IV.38.4
negōtium -ī *n*, magnō negōtiō V.11.
2; nihil -ī est V.38.4
nē-quāquam IV.23.4
nihil *adv* (= nōn) V.34.4; V.36.2
nōbilitās -ātis *f* I.2.1; V.3.6
nocēre *pass* V.34.4; nocitum īrī *īnf*
fut pass V.36.2
noctū I.8.4; IV.32.4; V.9.2; V.37.6;
V.40.2,6; V.53.2
nocturnus -a -um V.11.6; V.32.1; V.
40.5,7; V.53.4
nōminātim I.29.1; V.4.2
nostrī *gen* V.29.2
novae rēs I.9.3; IV.5.1
novissimus -a -um I.15.2,3,5; I.23.3;
I.25.6; V.32.2
novitās -ātis *f* IV.34.1
nūdāre V.35.2
numerus: n.ō I.5.2; V.5.3; V.23.4; ad
n.um V.20.4; in n.ō habēre I.28.1;
obsidum n.ō V.27.2
nummus -ī *m*, *sg* V.12.4
nūtus -ūs *m* IV.23.5; V.43.6
O
ob-icere -iō -iēcisse -iectum I.26.3;
obiectus -a -um +*dat* V.13.6
ob-īre V.33.3
ob-servāre V.35.1
obses -idis *m* I.9.4; I.14.6,7; I.27.3;
I.28.2; IV.16.5; IV.21.5; IV.22.2;
IV.27.1,5; IV.31.1; IV.36.2; IV.38.
4; V.1.8; V.4.1; V.5.4; V.20.3,4;
V.22.4; V.23.1; V.27.2; V.47.2
ob-sidēre (IV.19.4); V.40.1
obsidiō -ōnis *f* IV.19.4; V.29.7;
V.45. 2; V.49.1,6
obstrictus -a -um I.9.3
ob-struere -ūxisse -ūctum V.50.5;
V.51.3
ob-temperāre IV.21.5
ob-tinēre I.7.3; IV.12.4; IV.19.3; V.
20.1; V.25.1

occāsiō -ōnis *f* V.29.1; V.38.2
occāsus -ūs *m* IV.28.2; V.8.2
occultus -a -um V.32.1
occupāre I.10.4; I.22.3; IV.4.7
occupātiō -ōnis *f* IV.16.6; IV.22.2
occupātus -a -um (IV.16.6); IV.32.5;
IV.34.3; V.15.3
oc-currere IV.6.1; IV.26.1
of-ferre, ob-tulisse ob-lātum, sē o.
IV.12.6
officium -ī *n*, in officiō V.3.3; V.4.2
omnēs, ad ūnum IV.15.3; V.37.6
omnīnō I.6.1; I.7.2; I.23.1; I.27.4;
IV.19.4; IV.24.4; IV.38.4; V.18.1;
o. nōn/ nihil/nēmō IV.1.9; IV.2.6;
V.23.3; V.51.4
onerāre V.1.2
onerārius -a -um IV.22.3,4; IV.25.1;
IV. 29.2; IV.36.4
onus -eris *n* (IV.22.3); IV.24.2; V.1.2
opīnārī (IV.16.7; V.13.5)
opīniō -ōnis *f* IV.16.7; V.13.5; V.48.1
opportūnus -a -um IV.13.4; IV.34.1;
V.32.1; *adv* -ē IV.22.2
op-primere -pressisse -pressum IV.4.
5; IV.15.2; IV.24.2; V.26.2; V. 38.4
oppugnātiō -ōnis *f* V.26.3; V.27.3;
V.37.6; V.40.6; V.43.1; V.45.1
opus -eris *n;* opere mūnītus V.9.4;
V.21.4; (mūnītiō) V.40.2
opus esse, quae opus sunt V.40.6
ōrātiō -ōnis *f* Brūt.262; IV.7.2;
IV.8.1; V.1.8; V.27.11; V.38.4
ōrātor -ōris *m* (Brūt.0); IV.27,3
orbis -is *m* IV.37.2; V.33.3; V.35.1
ōrdō -inis *m* V.35.7; prīmī ōrdinēs
V.28.3; V.30.1; V.37.1; V.44.1
orīrī ortum V.8.2
ōrnātus -ūs *m* Brūt.262
ostendere (verbīs) I.8.3; I.21.2; IV.
11.3; IV.23.5; V.2.3; V.3.3
ostentāre V.41.4
P
pābulārī V.17.2
pābulātor -ōris *m* V.17.2
pācāre I.6.2; pācātus -a -um IV.37.1;
V.24. 7
paenitēre +*acc,gen* IV.5.3
pāgus -ī *m* I.12.4; I.27.4; IV.1.4; IV.
22.5
palam V.25.3
palūs -ūdis *f* IV.38.2; V.21.2; V.52.1
pār paris *adi* V.8.2; V.13.2; +*dat* IV.
7.5
parāre, pretiō IV.2.2
parātus +*īnf* V.1.7
pars, quā ex parte I.2.4; trēs partēs I.
12.2; māximam partem *adv* IV.1.8
parvulus -a -um V.50.1; V.52.1

84

passim IV.14.5
patēns -entis *adi* I.10.2
patēre I.2.5
patī +*acc*+*īnf* I.6.3; I.9.4; IV.7.4; V.19.3
paucitās -ātis *f* IV.30.1; IV.34.5; V.45.1
pecus -oris *n* IV.1.8; *pl* V.12.3; V.19.1
pedester -tris -tre IV.24.4
peditātus -ūs *m* IV.34.6; V.3.4; V.38.1; V.47.5
pellis -is *f* IV.1.10; V.14.2
pendere V.22.4; V.27.2
per *prp*+*acc* V.3.4; licēre per V.30.3; V.41.6
per-agere V.1.5; V.2.1; V.24.1
per-cipere -iō -cēpisse -ceptum V.1.8
per-contārī (V.13.4)
percontātiō -ōnis *f* V.13.4
per-currere IV.33.3
per-dūcere I.8.1; V.23.6; V.31.3
perendinō diē V.30.3
per-equitāre IV.33.1
per-exiguus -a -um V.15.4
per-facilis -e I.2.2
per-ferre IV.21.5; V.39.1; V.40.1; V.53.1,2,4
perfidia -ae *f* IV.13.4; IV.14.3
per-fringere -frēgisse -frāctum I.25.2
perfuga -ae *m* I.28.2; V.18.4
per-fugere I.27.3; V.45.2
perfugium -ī *n* IV.38.2
perīculum facere IV.21.1
perītus -a -um I.21.4
per-legere V.48.9
per-manēre IV.21.6; V.12.2
per-mittere V.3.7; V.11.8
per-mulcēre -sisse -sum IV.6.5
per-paucī I.6.1; IV.15.3; V.5.4; V.23.4
perpetuum, in IV.34.5; V.38.2; V.39.4
per-rumpere (I.7.0), I.8.4; V.15.4
per-scrībere V.47.5; V.49.3
per-sequī, bellō I.13.4; V.1.8
per-sevērāre I.13.4; V.36.3
per-solvere, poenās I.12.6
per-spicere -iō -spexisse -spectum IV.20.2; IV.21.9; V.5.4; V.11.2; V.31.2
persuādēre sibi V.29.5; persuāsum esse +*dat* V.31.6
pertinācia -ae *f* V.31.1
pertināx -ācis *adi* (V.31.1)
per-tinēre (ad) I.1.3, I.3.1; I.6.3; IV.11.4; V.3.4; V.13.1; V.25.4; V.36.2
perturbārī -ne... an... +*coni* IV.14.2
perturbātiō -ōnis *f* IV.29.3

phalanx -ngis *f* I.24.4; I.25.2
pietās -ātis *f* V.27.7
pīlus -ī *m*, prīmus V.35.6
pinna -ae *f* V.40.6
pius -a -um (V.27.7)
plānus -a -um, lītus IV.23.6
plēbs -bis *f* V.3.6
plumbum -ī *n*; album V.12.4
plūrimum *sup* I.9.3; V.3.1; V.27.2
poenās persolvere I.12.6
pondus -eris *n* V.12.4
pōnere, arma IV.37.1; (spem) p. in V.34.2; V.39.4; V.48.1; positus in V.29.6; V.34.1
pōns pontis *m* I.6.3; I.7.2; I.13.1; IV.17.2; IV.18.2,4; IV.19.2,4
populārī I.11.1
populātiō -ōnis *f* I.15.4
porrō V.27.4
poscere poposcisse I.27.3
positus -a -um in V.29.6; V.34.1
posse, plūrimum I.9.3
possessiō -ōnis *f* I.11.5
pos-sīdere -sēdisse Līv.104; IV.7.4
post... quam IV.28.1
posteā... quam IV.37.4
posteā-quam IV.19.2; V.3.5; V.32.1
postrī-diē I.23.1; IV.13.4; V.10.1
postulāre +*acc*+*īnf* IV.16.4
postulātum -ī *n* IV.11.5
potestās: potestātem facere IV.11.2; IV.15.4; V.41.2; p. esse V.51.2
potīrī +*abl* I.2.2; I.26.4
prae-cēdere I.1.4
praeceps -ipitis *adi* IV.33.3; V.17.3
praeceptum -ī *n* V.35.1
prae-cipere -iō -cēpisse -ceptum I.22.3; V.48.7
praecipitāre, sē IV.15.2
prae-clūdere -sisse -sum V.9.4
praecō -ōnis *m* V.51.2
praeda -ae *f* (IV.9.3); IV.34.5; V.12.2; V.34.1
praedārī IV.9.3: IV.16.2; V.19.2
praedicāre IV.34.5
praefectus -ī *m* IV.11.6; IV.22.3
prae-ficere -iō -fēcisse -fectum I.10.3; V.1.1; V.9.1; V.11.9; V.24.3; V.47.2
prae-fīgere V.18.3
prae-mittere I.15.1; I.21.4; IV.11.2; IV.21.1; IV.27.2; V.18.4
prae-optāre I.25.4
prae-parāre V.9.4
praesēns -entis *n*, in praesentia *n pl* I.15.4; V.17.1
praesentia -ae *f*, animī V.43.4
praesertim IV.8.2; V.27.6; V.47.5; V.49.7
praesidium -ī *n* I.8.2; IV.4.3; IV.18.

2; IV.22.6; V.41.5; praesidiō *dat* I.25. 6; V.9.1; V.11.7
prae-stāre -stitisse IV.25.3; IV.33.3; fidem V.45.2; +*dat* (I.1.4); I.2.2; praestat IV.14.2
praestō esse V.26.2
praeter-mittere IV.13.4
praeter-quam I.5.3
praetor -ōris *m*, prō praetōre I.21.2
prae-ūrere V.40.6
premere IV.1.2; IV.16.5; IV.19.1; IV.32. 3; IV.33.2; V.28.5; V.32.2; V.37.5; V.43.4;
prī-diē I.23.3; IV.13.5; V.17.1; V.40.3
prīmus -a -um (pars) I.24.4; I.27.4; V.45.2
prīnceps -ipis *adi* I.7.3; I.12.6
prīncipātus -ūs *m* V.3.2
prīstinus -a -um I.13.4; IV.26.5; V.48.6; diēs IV.14.3
prius quam IV.4.7; IV.12.2; IV.14.1; IV.21.1; V.27.9
prīvātim V.3.5
prō *prp* +*abl* I.2.5; I.22.4; I.26.3; V.12.4; V.27.7; V.41.8; p. portīs IV.32.1; p. castrīs V.35.1; V.15.3; V.16.1; V.37.5; V.50.3; p. tempore/rē V.8.1; p. praetōre I.21.2
probāre Brūt.262; IV.21.7; V.27.4; V.31.2; V.44.3; V.48.1
prō-currere V.34.2; V.44.6
prō-dere -didisse -ditum IV.25.3; memoriā V.12.1
prōd-īre V.26.4
prō-dūcere V.52.2; IV.30.2
proeliārī IV.2.3; IV.33.1; V.16.4
profectiō -ōnis *f* I.3.2; I.6.4; V.32.1; V.33.2; V.47.4
prō-ficere -iō -fēcisse -fectum IV.19.4
pro-fitērī -fessum V.38.4
prō-fluere IV.10.1
pro-fugere V.53.2
pro-inde V.34.1
prōmissus -a -um V.14.3
prō-nūntiāre IV.5.2; V.31.4; V.33.3; V.34.1,3; V.51.2
prō-pellere I.15.3; IV.25.1; V.44.11
propinquī -ōrum *m pl* V.4.2
propinquitās -ātis *f* IV.3.3
prō-pōnere IV.17.2; V.40.1; V.52.5
proptereā quod I.1.3; I.6.2; I.7.3; I.26.3; IV.3.3; V.16.2
prō-pugnāre V.9.5
prō-sequī IV.26.5; V.9.7; V.52.1
prōspectus -ūs *m*; in -ū V.10.2
prosperus -a -um; *adv* -ē Līv.105
prō-spicere +*dat* I.23.1

85

prō-tegere -tēxisse -tēctum V.44.6
prō-vehere IV.28.3; V.8.2
prō-venīre V.24.1
prō-vidēre IV.29.4; V.8.1; V.33.1,3
prō-vocāre (I.15.3)
proximē I.24.3; V.24.4
pulvis -eris *m* IV.32.1
pūrgāre I.28.1; sē IV.13.5
Q
qua, nē qua legiō V.27.5
quā *adv* I.6.1; I.8.4; I.10.3; V.8.3;
V.46.3
quae-cumque *n pl* V.34.1; V.40.6
quaestor -ōris *m* IV.13.4; IV.22.3;
V.24.3; V.25.5; V.46.1
quam +*sup* (potest): q. māximus I.
3.1; I.7.1,2; V.39.1; q. plūrimī I.9.
3; V.1.1; V.11.4; q. lātissimē IV.3.
1; q. frequentissimī IV.11.5; q. prīmum IV.21.2; q. aequissimō locō
V.49.7; q. māximē V.49.7; V.50.5
quam-vīs IV.2.5
quantō -ior... tantō -ior V.45.1
quantus-vīs V.28.4
quārta pars I.12.2
querī questum IV.27.5
quī +*coni* (: ut) I.7.3; I.15.1; I. 21.1;
I.24.1; IV.11.6; IV.16.3; IV.21.5;
IV.22.1; V.1.7,9; V.10.2; V.20. 2;
V.49.2; (: cum) IV.21.9; V.33.1, 2
quibus-cum I.1.3
quic-quam IV.1.10; IV.2.4; IV.16.4;
IV.20.3; V.41.5
quī-cumque quae- quod-/quid- IV.
7.3; IV.26.1; V.41.6; *n pl* V.34.1;
V.40.6
quiēs -ētis *f* V.40.5,7
quīn +*coni*, nōn recūsāre quīn IV.7.
3; nōn multum abest quīn V.2.2
quīn etiam IV.2.2
quis-piam quae- quod- V.35.1
quī-vīs quae- quod- IV.2.5; (V.41.6)
quō +*comp* +*coni* I.8.2; V.3.6
quō *adv* IV.2.1
quo-ad IV.11.6; IV.12.5; V.17.3; V.
24.8
quō-minus +*coni* IV.22.4
quotiēs V.34.2
R
rādere -sisse -sum V.14.3
rapiditās -ātis *f* IV.17.2
rapīna -ae *f* I.15.4
rārus, *pl* rārī V.9.5; V.16.4; V.17.1
ratiō -ōnis *f* I.29.1; V.1.6; IV.23.5;
-em habēre +*gen* V.27.7; -em re-
poscere V.30.2
re-bellāre (IV.30.0)
rebelliō -ōnis *f* IV.30.2; IV.38.1
recēns -entis *adi* IV.13.6; V.16.4;

V.47.5
receptus -ūs *m* IV.33.2
recessus -ūs *m* V.43.5
reciperāre V.27.6
re-cipere, sē I.11.5; I.25.5,6; I.26.1;
IV.2.3; IV.15.3; IV.16.2; IV.19.1,
4; IV. 35.3, IV.38.2,3; V.15.4; V.
34.4; V.37.4; V.44.12; V.50.5; sē
ex (fugā/timōre) r. IV.27.1; IV.34.1
recūsāre IV.7.3; V.41.5
red-igere -ēgisse -āctum Līv.105; V.
29.4; +*adi* IV.3.4
red-integrāre I.25.6
reditiō -ōnis *f* I.5.3
reditus -ūs *m* IV.30.2
re-ferre rettulisse -lātum IV.28.2; I.
29.1; IV.9.1; pedem I.25.5; IV.25.2
re-ficere -iō -fēcisse -fectum IV.29.
4; IV.31.2; V.1.1; V.11.2; V.23.1
re-fugere (I.11.5); V.35.1
rēgnum -ī *m* I.2.1; I.9.3; IV.12.4; V.
20.1; V.25.1; V.26.2; V.38.1
re-gredī -ior -gressum V.44.6
re-icere -iō -iēcisse -iectum I.24.4;
V.5.2; V.23.4; V.30.3
re-lēgāre V.30.3
relinquere +*dat* V.40.7; *pass* I.9.1;
V.9.7; V.35.4; V.52.1,6; ut V.19.3
reliquum -ī *n* I.11.5
reliquus -a -um, tempus IV.16.6
re-migrāre IV.4.6; IV.27.7
remissus -a -um V.12.7
re-mittere dē (celeritāte) V.49.6
re-mollēscere IV.2.6
re-nūntiāre I.10.1; I.21.2; I.22.4; IV.
21.9
re-pellere reppulisse -pulsum (I.7.0);
I.8.4; V.9.4; V.15.5; V.17.3; V.42.1
repentīnus -a -um I.13.2; V.22.4; V.
26.1; V.27.4, V.28.1; V.39.2
reperīre V.13.4
re-petere V.49.2
re-portāre IV.29.4; V.23.2
re-poscere, ratiōnem V.30.2
reprehendere V.33.4
re-scindere -scidisse -scissum I.7.2;
IV.19.4
re-scīscere -īvisse I.28.1
re-servāre V.34.1
re-sistere -stitisse IV.12.5; IV.14.4
re-stituere I.28.3; V.25.2
re-tinēre -uisse -tentum IV.13.(0),6
rota -ae *f* I.26.3; IV.33.1
S
sagulum -ī *n* V.42.3
sānus -a -um Brūt.262
sarcina -ae *f* I.24.3
satis habēre I.15.4
satis-facere I.14.6; V.1.7; V.27.7

saucius -a -um V.36.3
scalae -ārum *f pl* V.43.3
scapha -ae *f* IV.26.4
scindere scidisse scissum V.51.3
scrīptor -ōris *m* (Eutr. 0)
sēdēs -is *f* Līv.103; IV.4.4
sēmentis -is *f* I.3.1
sēmita -ae *f* V.19.2
senātor -ōris *m* (IV.12.4)
senātus -ūs *m* IV.11.3; IV.12.4;
IV.38.5
sentīre sēnsisse sēnsum V.32.1
sēparāre (I.29.1)
sēparātim I.29.1
sēparātus -a -um IV.1.7
sepelīre -īvisse -ultum (I.26.5)
sepultūra -ae *f* I.26.5
sērō *adv* V.29.1
servāre V.19.1; ōrdinēs IV.26.1
servīre, *dat* rūmōribus IV.5.3
ses-centēsimus -a -um Eutr.17.1
siccitās -ātis *f* IV.38.2; V.24.1
sīc-utī V.43.3
signa īnferre I.25.7
significātiō -ōnis *f* V.53.1
silvestris -e V.19.1
simul = simul atque IV.26.5
simulāre IV.4.4
simulātiō -ōnis *f* IV.13.4; V.50.3,5
simultās -ātis *f* V.44.2
singillātim V.52.4
singulāris -e IV.26.2; V.2.2; V.25.2
socer -erī *m* I.12.7
socius -ī *m* I.5.4; I.11.6; I.14.6; I.15.
1; V.39.3
sōlitūdō -inis *f* IV.18.4
sollicitāre V.2.4
solvere (nāvēs) IV.23.1; IV.28.1;
V.23.6
spatium -ī *n* (locī) IV.10.3; IV.35.3;
V.13.2; V.15.4; V.44.6; (temporis)
I.7.5; IV.11. 3; IV.13.3; IV.14.2;
V.15.3
speciēs -ēī *f* IV.25.1; in -em V.51.3
spectāre ad V.13.1,6
speculātor -ōris *m* (IV.26.4); V.49.8
speculātōrius -a -um, nāvis IV.26.4
sponte, suā I.9.2; V.28.1
stabilis -e (IV.23.5; IV.33.3)
stabilitās -ātis *f* IV.33.3
stāre stetisse V.35.3
statiō -ōnis *f* IV.32.1,2; V.15.3;
V.16.4
statuere -uisse -ūtum +*acc*+*īnf*
I.11.6; IV.16.1; IV.17.1; V.11.5
stipendium -ī *n* V.27.2
strāmentum -ī *n* V.43.1
sub-dūcere I.22.3; I.24.1; nāvēs
IV.29.2; V.11.5,7; V.24.1

sub-ductiō -ōnis f V.1.2
sub-esse I.25.5; V.23.5; V.29.3
sub-fodere -iō -fōdisse -fossum IV. 12.2
sub-icere -iō -iēcisse -iectum I.26.3; +dat IV.36.2
sub-iectus -a -um V.13.3
sub-īre, perīculum I.5.3
sublātus -a -um part < tollere
sub-ministrāre IV.20.1
sub-mittere IV.26.4; V.15.5
sub-movēre I.25.7; IV.25.1
sub-sequī IV.13.6; IV.24.1; IV.25.6; IV.26.1; IV.32.2; V.18.4; V.38.1; V.44.5
subsidium -ī n IV.26.4; IV.31.2; V.17. 3; V.28.6; V.44.12; -ō mittere V.15.4; -ō venīre V.27.5
sub-sistere I.15.3; V.10.2
sub-venīre +dat V.35.7; V.44.9
suc-cēdere I.24.4; I.25.6; IV.3.3; IV. 32 2; +dat IV.16.4
suc-cendere -disse -cēnsum V.43.7
successus -ūs m Eutr.17.3
suc-cīdere -disse -sum IV.19.1; IV. 38.3; V.9.4
suc-currere +dat V.44.9
sudis -is f V.18.3; V.40.6
suī gen IV.13.5; IV.28.2; IV.34.5; V.17.4; V.38.2
summa -ae f I.29.2,3; V.11.8
summus -a -um (pars) I.22.1; I.24.3
superāre IV.7.5; IV.21.7; IV.27.1; IV.30.2; V.27.4; V.31.3
super-esse I.23.1; I.26.5; V.22.4
superior -ius (dē locō) I.10.4; I.23.3; I.24.3; I.25.2 ... ; (dē tempore) IV. 21.4; IV.22.1; IV.35.1; IV.38.2; V. 8.3; V.10.2; V.11.9; V.23.3; V.24. 1; V.29.3; V.35.6; V.42.2; s. esse V.15.1; V.26.3
sup-petere I.3.1
supplex -icis adi; adv -iciter I.27.2
supplicātiō -ōnis f IV.38.5
suprā adv IV.4.1; IV.16.2; IV.27.2; IV.28.1; V.2.2; V.19.1; V.22.1
sus-cipere -iō -cēpisse -ceptum I.9.4
suspicārī IV.6.2; IV.31.1; IV.32.2,4
suspīciō -ōnis f IV.32.1; V.45.4
sustentāre V.39.4

T
tālea -ae f V.12.4
tam-etsī V.34.2
tangere tetigisse tāctum V.3.1
tantulus -a -um IV.22.2; V.49.6
tegere tēxisse tēctum V.18.3; V.43.1
tēlum -ī n (I.7.0); I.8.4; I.26.3; IV. 23.3; IV.26.3; IV.32.3; IV.33.1; V.35.2,4; V.43.4; V.44.6; V.51.1

temere IV.20.3; V.28.3
temeritās -ātis f V.52.6
tēmō -ōnis m IV.33.3
temperāre I.7.4
temperātus -a -um V.12.7
tempestās -ātis f, idōnea IV.23.1; IV. 36.3
tenuis -e, valētūdō V.40.7
tergum -ī n, -a vertere IV.35.2
testimōnium -ī n V.28.5; V.52.4
testūdō -inis f V.9.6; V.42.5; V.43.3; V.52.2
timēre +dat IV.16.1
tolerāre I.28.3; V.47.2
tollere sus-tulisse sub-lātum IV.23. 6; IV.28.1; (I.2.0); I.5.3; I.25.1; ululātum V.37.3; sublātus +abl I. 15.3; V.38.1
tormentum -ī n IV.25.1,2
torrēre -uisse tostum V.43.4
trā-dūcere I.11.1; I.12.2; I.13.1;V.51.1
trāgula -ae f I.26.3; V.35.6; V.48.5,7
trā-icere -iō -iēcisse -iectum Līv.105; V.35.6; V.44.6
trā-iectus -ūs m IV.21.3; V.2.3
tranquillitās -ātis f V.23.6
trāns (= ultrā) prp +acc I.1.3; I.5.4; I.10.5; I.11.5; I.28.4; IV.4.3 ...
trān-scendere -disse -ēnsum Līv. 104,105
trāns-fīgere I.25.3; V.44.7
trāns-īre V.51.2
trāns-missus -ūs m V.2.3; V.13.2
trāns-mittere (V.2..3)
trāns-portāre IV.16.6,8; IV.17.2; IV. 22.3; IV.29.2; IV.30.1; IV.35.1; V.1.2
trepidāre V.33.1
trepidus -a -um (V.33.1)
tribūnus -ī m, mīlitum IV.23.5; V. 15.5; V.28.3; V.37.1; V.52.4
trīduum -ī n I.26.5,6; IV.4.4;IV.11.3,4
tri-ennium -ī n IV.4.1
tri-pertītō adv V.10.1
trīnī -ae -a V.53.3
triplex -icis adi I.24.2; IV.14.1
triquetrus -a -um V.13.1
turma -ae f IV.33.1
turris -is f (acc -im, abl -ī) V.40.2,6; V.42.5; V.43.3,6,7; V.48.8; V.52.2

U
ubi +perf I.5.1; I.7.3; I.8.3; I.12.2; I. 28.1; IV.19.4; IV.25.1; V.9.1; ubi prīmum IV.12.1
ulcīscī ultum I.12.7; IV.19.4; V.38.2
ulterior -ius, Gallia, prōvincia I.7.1; I.10.5
ultimus -a -um IV.16.7
ultrō IV.13.1; IV.27.5; V.28.5; V.

40.7
ululātus -ūs m V.37.3
ūnā adv: cum ... ūnā IV.21.6; V.36.3
undique I.2.3; I.22.3; IV.20.4; IV. 21.4; IV.27.7; V.11.8; V.17.5
ūnī -ae -a IV.7.5; IV.16.5
ūnus, ad ūnum omnēs IV.15.3; V.37.6
ūsus -ūs m IV.25.1; IV.33.3; V.42.3; bellī IV.1.6; IV.20.4; ū. est IV.2.3; -uī esse IV.20.2; IV.25.1; IV.29.4; IV.31.2; V.1.4
utī I.5.4; I.9.4; I.14.6,7; I.15.5; I. 28. 1; IV.5.2; IV.16.7; IV.23.3; IV.33. 3; V.4.2; V.17.2; V.23.3; V.48.3; V.51.4
ūtilis -e IV.7.4
ūtilitās -ātis f IV.19.4
utrīque m pl V.50.1

V
vacāre I.28.4; IV.3.1,2; IV.8.2
vadum -ī n I.6.2; I.8.4; IV.26.2
vagārī I.2.4; IV.4.1; IV.6.4; V.19.2
vagīna -ae f V.44.8
vagus -a -um Līv.103
valēre, plūrimum v. V.3.1
vallēs -is f V.49.8
vāstāre I.11.(1)3; IV.15.5; IV.38.3; V.1.5; V.19.2,3; V.22.3
vectīgal -ālis n V.22.4
vectīgālis -e IV.3.4
vectōrius -a -um V.8.4
vehementer Brūt.262
vēnārī (IV.1.8)
vēnātiō -ōnis f IV.1.8
venīre, ventum est IV.28.1; V.26.1
ventitāre IV.3.3; IV.32.1; V.27.1
vergere IV.20.1; V.13.2
verērī +dat V.9.1
versāre V.44.13
vērus -a -um, vērum est IV.8.2
verūtum -ī n V.44.7,10
vestīgium -ī n, eōdem -ō IV.2.3; in -ō IV.5.3
vestītus -ūs m IV.1.10
veterānus -a -um I.24.2
vetāre -uisse -itum V.9.7
viātor -ōris m IV.5.2
vīciēs V.13.7
vīcus -ī m I.5.2,4; I.11.5; I.28.3; IV.4.2,6; IV.19.1
vidērī V.36.3; vīsum est IV.8.1; V.2.3
vigiliae -ārum f pl V.31.4; V.32.1
vinculum -ī n IV.27.3
-vīs: quī-vīs IV.2.5; quam-vīs IV. 2.5; quantus-vīs V.28.4
vitrum -ī n V.14.3
voluptās -ātis f V.12.6
vulgō adv V.33.6

NOTAE

=	idem atque	*dēp*	dēpōnēns (verbum)
↔	contrārium	Eutr.	Eutropius (pāg. 5)
:	id est	*f*	fēminīnum
<	factum/ortum ex	*fut*	futūrum
/	sīve	*gen*	genetīvus
+	atque, cum	*ger*	gerundium/gerundīvum
×	-iēs	*ind*	indicātīvus
"..."	ōrātiō rēcta	*indēcl*	indēclīnābile
'...'	ōrātiō oblīqua	*īnf*	īnfīnītīvus
A.	Aulus (praenōmen)	kal.	kalendās
a.C.	ante Chrīstum (nātum)	L.	Lūcius (praenōmen)
a.d.	ante diem	Līv.	Līvius (pāg. 5-6)
a.u.c.	ab urbe conditā	*m*	masculīnum
abl	ablātīvus	M.	Mārcus (praenōmen)
acc	accūsātīvus	*n*	neutrum
adi	adiectīvum	*nōm*	nōminātīvus
adv	adverbium	Oct.	Octōbrēs
Ap.	Appius (praenōmen)	p. C.	post Chrīstum (nātum)
Aprīl.	Aprīlēs	*pāg.*	pāgina
Brūt.	Brūtus (pāg. 6)	*part*	participium
C.	Gāius (praenōmen)	*pass*	passīvum
cap.	capitulum	*perf*	perfectum
cēt.	cēterī -ae -a	*pers*	persōna
Cn.	Gnaeus (praenōmen)	*pl*	plūrālis
comp	comparātīvus	*prp*	praepositiō
coni	coniūnctīvus	Q.	Quīntus (praenōmen)
cōs.	cōnsul	*sg*	singulāris
dat	datīvus	*sup*	superlātīvus
Dec.	Decembrēs	T.	Titus (praenōmen)